AF337446

DOCUMENTS

POUR

L'HISTOIRE CONTEMPORAINE

DOCUMENTS

POUR

L'HISTOIRE CONTEMPORAINE

RECUEILLIS ET PUBLIÉS

PAR

M. P. PRADIER-FODÉRÉ

Avocat, Professeur de Droit public.

PARIS

IMPRIMERIE ET LIBRAIRIE DE CHARLES NOBLET

18, RUE SOUFFLOT, 18

1871

TABLE SOMMAIRE

DOCUMENTS

POUR

L'HISTOIRE CONTEMPORAINE

La nouvelle suivante a été publiée, en novembre 1870, par le *Journal de Genève :*

« On a déjà dépouillé une portion de la correspondance de l'Empereur avec un grand nombre de hauts personnages. Je sais de source sûre que jusqu'ici ces pièces n'ont pas répondu à l'attente qu'elles avaient excitée. Il est vrai qu'on n'a encore compulsé à la hâte que quatre dossiers et qu'il en reste deux ou trois, non moins volumineux, qui sont sous les scellés. La plupart des pièces examinées ont un caractère semi-officiel et sont, par suite, peu fécondes en révélations. Toutefois, je puis vous dire qu'il ressort de cet examen préparatoire, qu'un des hommes les plus importants du second Empire, plusieurs fois ministre des affaires étrangères, M. Drouyn de Lhuys, a tenu, dans tous ses rapports avec Napoléon III, une conduite parfaitement honorable et désintéressée, et qu'il s'est fréquemment opposé aux fantaisies aventureuses du souverain. »

Après avoir lu cet article, nous espérions trouver, dans le recueil formé sous la direction de la commission nommée par le Gouvernement de la Défense nationale, les documents auxquels il est fait allusion.

Notre attente a été trompée. Mais nous pouvons remplir, du moins en partie, cette lacune, en réunissant plusieurs articles et plusieurs documents qui ont été publiés dans des feuilles étrangères et départementales, pendant le cours des années 1870-1871.

Ces pièces jettent une vive lumière sur les événements contemporains et sur la conduite d'un homme d'État à qui nous sommes heureux de témoigner, par cette publication, notre profonde estime.

P. PRADIER-FODÉRÉ.

I

Extrait du *Moniteur Universel*, du 22 novembre 1870 (1) :

Le *Français* a publié un article intéressant sur les négociations diplomatiques qui ont accompagné les événements de 1866. Sans nous apprendre rien de bien nouveau à ce sujet, l'auteur de cette étude retrace les oscillations incessantes de l'esprit vague et spécieux qui dirigeait alors uniquement les destinées de la France.

« A partir du moment, dit-il, où l'Empereur sentit qu'il avait été
« joué par M. de Bismarck, on ne voit plus dans sa conduite que
« de tristes défaillances et les contradictions les plus étranges.

« M. Drouyn de Lhuys, ministre des affaires étrangères, — le
« seul ministre sérieux et vraiment capable qu'ait eu le second
« Empire, — essayait en vain, tantôt de résister aux exigences de
« la Prusse, tantôt d'obtenir quelques dédommagements pour la
« France. Ses projets semblaient d'abord être approuvés au mo-
« ment où il en exposait les avantages; mais, peu après, un petit
« billet lui faisait savoir qu'il eût à y renoncer. Refusait-il quelque

« chose à la Prusse, ou lui adressait-il une juste réclamation? la
« Prusse en appelait au maître : refus et demande étaient aussitôt
« annulés. »

Nous voyons avec plaisir l'auteur de ce travail rendre justice
au diplomate clairvoyant qui n'hésita pas, à la suite de cet événement, à se retirer du ministère. Tous les esprits éclairés lui ont
rendu justice, en dégageant sa responsabilité de la politique que
MM. Rouher et de La Valette eurent, peu après, le triste honneur
de formuler dans une trop célèbre circulaire.

II

Le journal anglais *Pall Mall* a publié, dans son numéro
du 23 novembre 1870, sous le titre de *Coulisses diplomatiques*, un article qui commence ainsi :

« Une brochure de M. Sidney Renouf, intitulée *M. Thiers et la
mission en* 1870, vient de paraître à Tours. On la dit inspirée par
M. Thiers lui-même. M. Renouf prend les relations entre la
France et la Prusse, à l'époque où le comte de Bismarck était ambassadeur à Paris. Le comte flattait la vanité et les fantaisies de Napoléon, et, en lui laissant supposer qu'il pourrait obtenir pour
l'accomplissement de ses projets l'appui de la Prusse, il s'efforçait
de le convaincre de la force et de l'importance de cet État. A Biar-
ritz, il dit crûment à l'Empereur : « Pour parler franchement, nous
« sommes deux loups; enlevons chacun un mouton, et ensuite

« nous nous arrangerons pour le partage des toisons. » Napoléon déclina tout engagement ; mais il convint de ne pas se mêler de la querelle de la Prusse et de l'Autriche, et en même temps, pour paralyser cette dernière puissance, il permit une alliance entre l'Italie et la Prusse.

« Après Sadowa, la politique de Napoléon devint pleine de soubresauts et d'incohérence : un jour, extrêmement audacieuse ; le lendemain, timide jusqu'à la lâcheté. M. Drouyn de Lhuys, alors ministre des affaires étrangères, recommandait une politique vigoureuse ; mais il était constamment tenu en échec par le comte de Goltz, qui demandait une audience particulière à l'Empereur, et se faisait accorder tout ce qu'il voulait. C'est de cette manière que Napoléon fut amené à autoriser l'absorption du Hanovre et des autres États par la Prusse. Ensuite, sur les pressantes instances de M. Drouyn de Lhuys, l'Empereur consentit à l'envoi d'une note à Berlin, demandant une compensation territoriale pour les agrandissements de la Prusse. Le roi refusa carrément, et le comte de Goltz, dans une entrevue particulière avec Napoléon, le calma et s'assura du retrait de la demande, avant que M. Drouyn de Lhuys eût pu discuter ce sujet avec son souverain. Le ministre donna sa démission lorsqu'on lui demanda de signer la dépêche développant la théorie des trois tronçons, publiée plus tard sous la signature de M. de La Valette. »

III

Le *Nouvelliste de Rouen* a reproduit, dans son numéro

du 4 décembre 1870, la lettre suivante, de M. Drouyn de Lhuys, publiée dans tous les journaux anglais :

« Monsieur,

« Le *Times*, dans son numéro du 23, cite un passage d'une feuille de Jersey, affirmant que j'ai envoyé, par écrit, mon adhésion au Gouvernement de la Défense nationale. Cette assertion est inexacte ; je n'ai point été dans le cas de faire acte d'adhésion à ce gouvernement, quoique personne ne désire plus ardemment que moi qu'il réussisse dans sa tâche.

« En entrant, il y a déjà bien des années, dans la vie politique, j'ai pris pour règle de servir, avant tout, mon pays, et d'accepter loyalement le régime que choisit sa libre volonté. Lorsque j'ai momentanément quitté la France, j'avais pour cela deux raisons : d'un côté, les événements de septembre m'avaient dégagé de toute fonction publique ; de l'autre, je ne voulais pas que ma présence pût donner l'occasion de mêler mon nom à des manœuvres ou à des solidarités que je repousse.

« Je vois avec regret que je n'ai pas complétement atteint ce but, malgré l'isolement et l'obscurité où je vis sur la terre étrangère ; car, tandis que certains journaux annoncent mon adhésion à la République, un autre dénonce mes conciliabules bonapartistes à Jersey avec MM. Rouher, Piétri et le maréchal Le Bœuf, qui n'ont jamais paru dans cette île ; un troisième raconte mes trois prétendues visites à l'impératrice Eugénie, que je n'ai pas eu l'honneur de voir depuis son arrivée en Angleterre ; enfin, un quatrième me reproche mon vote en faveur de la déclaration de guerre dans le Conseil privé, qui n'a jamais eu à délibérer sur cette question, et qui n'a été convoqué qu'après les premières défaites des armées françaises.

« Je vous serai fort obligé, monsieur, si vous voulez bien accorder à ces quelques lignes l'hospitalité de votre journal, et je vous prie d'agréer l'assurance de ma considération distinguée.

« DROUYN DE LHUYS.
« St-Hélier, St-Mark's Crescent, 3.

« 25 novembre 1870. »

———

IV

La funeste ligue de l'Autriche et de la Prusse contre le Danemark a été le point de départ des événements qui ont bouleversé le centre de l'Europe.

Voici en quels termes M. Drouyn de Lhuys en appréciait les conséquences et la portée :

CIRCULAIRE AUX AGENTS DIPLOMATIQUES FRANÇAIS, PUBLIÉE PAR LE *Constitutionnel* DU 20 SEPTEMBRE 1865, D'APRÈS LA *Gazette d'Augsbourg* :

« Paris, 29 août 1865.

« Monsieur,

« Les journaux vous ont apporté le texte de la convention de

Gastein. Je n'ai pas la pensée d'en examiner les stipulations en détail ; mais il n'est pas sans intérêt de rechercher quels sont les mobiles qui ont guidé, dans ces négociations, les deux grandes puissances allemandes.

« Ont-elles entendu consacrer le droit des anciens traités ? Assurément non ; les traités de Vienne avaient réglé les conditions d'existence de la monarchie danoise. Ces conditions sont renversées. Le traité de Londres était un nouveau témoignage de la sollicitude de l'Europe pour la durée de l'intégrité de cette monarchie ; il est déchiré par deux puissances qui l'avaient signé.

« Est-ce pour la défense d'un droit de succession méconnu, que l'Autriche et la Prusse se sont concertées ? Au lieu de restituer au prétendant le plus autorisé l'héritage en litige, elles se le partagent entre elles.

« Consultent-elles l'intérêt de l'Allemagne ? Mais leurs confédérés n'ont appris que par les feuilles publiques les arrangements de Gastein. L'Allemagne voulait un État indivisible de Sleswig-Holstein, séparé du Danemark, et gouverné par un prince dont elle avait épousé les prétentions. Ce candidat populaire est mis de côté aujourd'hui, et les duchés, séparés au lieu d'être unis, passent sous deux dominations différentes.

« Est-ce l'intérêt des duchés eux-mêmes qu'ont voulu garantir les deux puissances ? Mais l'union indissoluble des territoires était, disait-on, la condition essentielle de leur prospérité.

« Le partage a-t-il, au moins, pour but de désagréger deux nationalités rivales, et de faire cesser leurs dissensions intérieures, en assurant à chacune d'elles une existence indépendante ? Il n'en est pas ainsi, car nous voyons que la ligne de séparation, ne tenant aucun compte de la distinction des races, laisse confondus les Danois avec les Allemands.

« S'est-on préoccupé du vœu des populations ? Elles n'ont été consultées sous aucune forme, et il n'est pas même question de réunir la diète sleswig-holsteinoise.

« Sur quel principe repose donc la combinaison austro-prussienne ? Nous regrettons de n'y trouver d'autre fondement que la force, d'autre justification que la convenance réciproque des deux copartageants. C'est là une pratique dont l'Europe actuelle était déshabituée, et il en faut chercher les précédents aux âges les plus funestes de l'histoire.

« La violence et la conquête pervertissent la notion du droit et la conscience des peuples. Substituées aux principes qui règlent la vie des sociétés modernes, elles sont un élément de trouble et de dissolution, et ne peuvent que bouleverser l'ordre ancien, sans édifier solidement aucun ordre nouveau.

« Telles sont, monsieur, les considérations qu'inspirent au gouvernement de l'Empereur les événements dont l'Allemagne est, en ce moment, le théâtre. En vous faisant part de ces impressions, mon intention n'est pas de vous inviter à adresser des observations à ce sujet à la Cour auprès de laquelle vous êtes accrédité, mais de vous indiquer seulement le langage que vous devrez tenir, lorsque l'occasion se présentera pour vous de faire connaître votre opinion.

« Recevez, etc.

« Drouyn de Lhuys. »

V

Pendant que M. de Bismarck poursuivait, par la voie des armes, la réalisation de ses projets, il assurait la durée de son œuvre par les nouvelles institutions qu'il imposait à l'Allemagne.

La pièce suivante prouve que, dès ce moment, M. Drouyn de Lhuys prévoyait la réalisation de l'unité allemande sous l'hégémonie de la Prusse, et la création d'une puissance colossale.

MÉMOIRE REMIS, LE 11 JUILLET 1866, PAR M. DROUYN DE LHUYS, A L'EMPEREUR NAPOLÉON, SUR LE CARACTÈRE ET LA PORTÉE DU PROJET DE RÉFORME FÉDÉRALE, ÉLABORÉ PAR M. DE BISMARCK (1).

« Le projet de réforme fédérale publié par la Prusse est surtout remarquable par la cohésion de toutes ses parties. Les idées sur lesquelles il se base ont été, à d'autres époques, exposées et développées plus ou moins complétement, plus ou moins sérieusement. Mais c'est la première fois qu'elles sont coordonnées dans leur ensemble et qu'elles prennent corps, pour ainsi dire, dans un système véritablement pratique.

(1) Ce Mémoire a été publié par l'*Indépendance belge*, du 24 mars 1871.

« En effet, les divers programmes tracés jusqu'à ce jour en Allemagne, ou bien, tenant surtout compte des autonomies particulières, ne parvenaient à combiner qu'une association restreinte dont les liens étaient aussi relâchés que ceux de la Confédération actuelle ; ou bien, visant sans détour à l'unification des forces de l'Allemagne, l'édifiaient sur la ruine des souverainetés existantes, soit au moyen d'une absorption violente par la Prusse, soit à la suite de destructions révolutionnaires.

« Au contraire, M. de Bismarck, dans son projet, respecte, d'une part, les apparences de la souveraineté chez les gouvernements particuliers, sachant bien que les princes allemands sont d'avance et forcément préparés à accepter tous les sacrifices de prérogatives que la plupart, d'ailleurs, réduits au rôle de souverains constitutionnels, n'exercent plus guère que nominalement. D'autre part, les satisfactions effectives données au sentiment unitaire et national des populations sont telles, que ce projet, en paraissant ménager les puissances distinctes, fonde, en réalité, l'unité la plus absolue du pouvoir et la concentration de toutes les forces de l'Allemagne.

« Aussi ce plan n'a-t-il pas été combattu au nom de l'intérêt national. Des défiances contre la sincérité de M. de Bismarck se sont fait jour, mais sa combinaison en elle-même a été accueillie par les populations, surtout celles de l'Allemagne du Nord, comme la réalisation de leurs vœux dans la mesure du raisonnable ; et les résistances, venues uniquement des princes qui sentaient de quel coup ils étaient menacés, se sont produites timidement et lentement. Il n'y a pas eu, jusqu'à présent, de discussion franche du projet de réforme prussien; mais ce projet déposé en germe dans l'esprit des masses, entouré du prestige des armes

2

victorieuses du roi Guillaume, est certainement destiné à fructi-
fier au grand profit de la Prusse. On peut dire, dès aujourd'hui,
qu'il est adopté par toute l'Allemagne du Nord; les petits gouvernements s'y sont résignés à l'amiable, les grands ont été dé-
possédés par voie d'exécutions militaires, et l'on a pu se convaincre
à quel point la Prusse trouve dans les populations des auxiliaires
prêts à faciliter son œuvre.

« L'Allemagne du Sud est plus récalcitrante, mais il ne faut
pas oublier qu'il y a là une opinion publique moins formée que
dans le Nord. Les populations y sont routinières, plus soumises
à leurs dynasties locales, par des traditions que maintiennent à
la fois l'influence de l'Autriche et celle de l'Église catholique. Ces
populations, plus naïves, plus adonnées à la vie simple et maté-
rielle, sont assez réfractaires à l'esprit incisif et dissolvant de
l'Allemagne du Nord ; mais parmi elles-mêmes tout ce qui s'agite,
tout ce qui parle, écrit et remue, est déjà gagné aux idées prussiennes, sauf l'opposition qu'y font, à un point de vue particulier, les ultra-démocrates et les révolutionnaires, nombreux sur-
out dans la région badoise. Toutefois, il n'y a pas lieu de croire
que cette dernière classe de gens doive opposer à M. de Bismarck
des obstacles plus sérieux que M. de Cavour n'en a rencontré, en
Italie, de la part de Mazzini et des unitaires républicains.

« A examiner le projet de M. de Bismarck en lui-même, on
peut en tirer ces deux conclusions :

« 1° Il établit la médiatisation effective des souverains allemands ;

« 2° Sous l'apparence du dualisme, il fonde en Allemagne
l'unité la plus complète.

« C'est ce que nous allons chercher à démontrer.

« Le pouvoir fédéral institué par le projet est pourvu d'une autorité législative très-étendue. Il suffit de lire la liste des matières qui doivent être de sa compétence, pour voir que c'est là l'ensemble à peu près complet de celles qui constituent, dans tous les pays du monde, et sous toutes les formes de gouvernement, l'objet de la législation usuelle.

« Ce pouvoir est confié à deux organes : une Diète fédérale, qui sera censée la continuation de la Diète actuelle transformée, et une représentation nationale issue d'élections directes par le suffrage universel.

« Dans la Diète, de même que dans le Parlement, les décisions sont prises à la majorité des voix, ce qui annule toute opposition des minorités. Or, soit par le nombre de sa population, soit par le poids de son influence sans rivale, la Prusse est assurée, dans l'une et l'autre assemblée, d'une majorité inébranlable.

« Il ne sera donc jamais question d'une résistance aux idées prussiennes, et les seuls tiraillements qui pourront se produire dans le double organisme fédéral, sont ceux qui seraient nés, en Prusse même, entre le gouvernement et les partis, ou bien entre les diverses fractions de l'opinion publique. Le gouvernement prussien aura à sa disposition un jeu très-commode pour neutraliser, l'une par l'autre, en cas de besoin, l'action fédérale au centre, et l'action populaire chez lui. Si la Diète ou le Parlement fédéral venaient à le gêner, il pourrait toujours les accuser de vouloir le *majoriser*, chose inacceptable pour une grande puissance, et de dépasser la limite assignée aux pouvoirs fédéraux, légalement renfermés dans la sphère des intérêts économiques. Il lui suffirait donc de prétendre qu'une question a un caractère politique, pour la soustraire à la compétence fédérale. D'un autre côté, il est bien évident que la Prusse serait seule en état d'invoquer efficacement, contre le pouvoir central, le droit de son indépendance souveraine; de la part des autres, même de la Bavière, une telle prétention serait illusoire. De même, vis à vis des difficultés intérieures, le gouvernement prussien sera toujours en mesure de faire valoir l'intérêt supérieur du peuple allemand, la volonté de la *grande nation* en contradiction avec celle de la *nation restreinte.*

« Le cercle des attributions du pouvoir fédéral, bien que limité à l'ordre économique en théorie, aura, dans la pratique, assez d'élasticité pour qu'il soit loisible d'y comprendre toutes les affaires que le cabinet de Berlin voudra y faire entrer. Celui-ci aura donc dans sa main, d'une manière permanente, et jusque dans le détail des questions de chaque jour, ce double levier, dont il a fait sortir sous nos yeux des résultats si considérables et, pour beaucoup de monde, si inattendus.

« Pour comprendre, en effet, ce qui se passe de l'autre côté du Rhin, il ne faut pas perdre de vue les deux puissants courants qui règnent en Allemagne, souvent parallèles, mais non encore confondus : le courant de l'*unitarisme* et celui de l'ambition prussienne. Le cabinet de Berlin a exploité avec une rare persévérance et un merveilleux succès les avantages que lui procure la simultanéité de ce double ordre d'idées, en dehors duquel il n'y a rien de vital en Allemagne. Il a accaparé les tendances germaniques, en présentant la Prusse comme seule capable de les diriger et de les mener à bien, et il a légitimé les convoitises prussiennes en les couvrant du nom de patriotisme allemand. C'est ce qui, entre autres choses, distingue la question allemande de la question italienne : le Piémont n'avait ni la volonté ni le pouvoir d'absorber l'Italie; la Prusse, plus puissamment organisée, est en état d'absorber l'Allemagne, de la *prussianiser*, et elle le veut avec toute son énergie. L'Italie *une* n'est pas le Piémont : c'est un nouvel État; l'Allemagne *une* sera la Prusse agrandie, et non la Prusse disparaissant dans le *germanisme*. Tant que l'absorption n'est pas complète, la Prusse a intérêt à laisser subsister les deux forces distinctes, de manière à user alternativement de l'une et de l'autre, et de l'une par l'autre.

« En dehors du pouvoir législatif, les attributs de la souveraineté consistent dans le pouvoir militaire et la représentation diplomatique.

« Or, le projet de M. de Bismarck remet au pouvoir fédéral « le droit de déclarer la guerre et de faire la paix ; de conclure « des alliances et des traités; de nommer et de recevoir des re- « présentants internationaux. » Il n'est pas expressément dit que les États confédérés ne pourront pas conserver des agents accrédités auprès des puissances étrangères ; mais cette conséquence est implicitement contenue dans la disposition ci-dessus, puisque de tels agents de princes particuliers ne serviraient plus que *ad pompam et ostentationem*, du moment où les questions de paix et de guerre seraient réservées au pouvoir fédéral, chargé déjà de la protection du commerce allemand à l'étranger et de l'organisation consulaire.

« Au point de vue militaire, il suffit de méditer l'article 9 du projet, pour sentir avec quelle vigueur toutes les prérogatives appartenant à cet ordre d'idées sont concentrées entre les mains des deux commandants en chef, et même virtuellement, comme cela sera dit plus bas, entre les mains d'un seul.

« Ainsi, on peut affirmer qu'en ce qui touche le pouvoir législatif, la représentation diplomatique et le pouvoir militaire, la médiatisation des souverainetés individuelles est complète. Or, en dehors de ces trois choses, que reste-t-il de la souveraineté, sinon des rentes et des dotations royales, pour ceux qui en demeurent titulaires ?

« M. de Bismarck, tout en excluant l'Autriche de la Confédération, y maintient une apparence de dualisme, une ombre d'indépendance distincte accordée à l'Allemagne méridionale, en la personne du roi de Bavière. Ce prince doit être, en effet, commandant en chef de l'armée fédérale du Sud, et avoir la direction militaire des États allemands au midi du Mein, au même titre et avec les mêmes prérogatives que le roi de Prusse aura pour la direction militaire des États du Nord.

« Mais un seul paragraphe de l'art. 7 prouve l'inanité de cette fantasmagorie : « La guerre devra être déclarée en tous cas, si le « territoire fédéral est envahi, ou si une attaque hostile est diri- « gée contre les côtes de la Confédération ; *dans les autres cas, il* « *faudra, pour déclarer la guerre, l'assentiment des souverains des* « *deux tiers au moins de la population du territoire fédéral.* » Or, il n'est pas possible d'arriver à un total de deux tiers de la population fédérale en dehors de la Prusse, et celle-ci, avec deux ou trois États, ses satellites obligés, compose à elle seule ces deux tiers. C'est donc dire que les questions de paix et de guerre sont absolument et exclusivement entre les mains du roi de Prusse. La prérogative octroyée à la Bavière se réduit donc à la faculté de faire quelques nominations de généraux et de colonels ; mais d'indépendance militaire il ne peut être question.

« Au point de vue diplomatique et législatif, la Bavière n'est pas moins médiatisée que les autres États de la Confédération.

Sa représentation à l'étranger, si elle voulait se donner la peine d'en entretenir une, serait dépouillée de toute signification, au profit des représentants fédéraux ou plutôt prussiens, car il paraît hors de doute que ceux-ci seraient accrédités avec ce double caractère, à moins que la Prusse ne renonçât entièrement à en avoir pour elle-même, en donnant l'exemple de se contenter de ceux qui seraient commissionnés au nom de la Confédération.

« A l'intérieur, il est absolument impossible que la Bavière songe à faire contre-poids à la Prusse dans la nouvelle Diète ou dans le Parlement allemand. Elle s'y trouverait toujours, si elle voulait résister, dans une minorité infime et paralysée. A part la proportion numérique, comment comparer son action morale à celle de la Prusse ? Celle-ci, qui s'appelle fièrement l'État intelligent par excellence (*Intelligenz Staat*), douée d'un esprit d'initiative ardente et hautaine, ayant ses cadres tout organisés pour la vie civile et intellectuelle, comme pour la vie militaire, façonnant tout d'après sa discipline correcte et rigoureuse, imprimant son cachet aux administrations, aux établissements publics et privés, ne peut être arrêtée un instant par les États du Sud, au sein desquels tout principe de vie politique et de mouvement est l'auxiliaire naturel des idées prussiennes.

« Ce serait donc une grande erreur que de croire que l'adjonction de l'Allemagne méridionale à la Confédération présidée par a Prusse y introduira des germes de résistance, et, par conséquent, de division et de faiblesse. La Prusse formera sans obstacle les Allemands du Sud à son image et à sa convenance, comme elle a déjà fait de ceux du Nord ; elle trouvera au-delà du Mein une race lourde, mais solide, une pépinière d'hommes vigoureux, un réservoir de puissance qui, ajoutée à celle qu'elle possède dans son orbite naturelle, lui assurera en Europe la plus redoutable situation. En un mot, ce sera, si le plan de M. de Bismarck se réalise tel qu'il a été formulé, l'unité effective de l'Allemagne, sans aucun des contre-poids, sans aucune des compensations que l'Europe, et en particulier la France, sont en droit d'exiger, comme sauvegarde contre ce danger, si longtemps considéré comme un mauvais rêve et prêt, aujourd'hui, à devenir une réalité.

« Sans même prévoir comme immédiate et complète l'absorption morale de l'Allemagne méridionale par la Prusse, il importe d'observer que cette région contient, en elle-même, des principes de dissidence qui sont à l'avantage de la Cour de Berlin. Dès à présent, si le Wurtemberg et Bade se trouvaient dans une même confédération avec la Bavière et la Prusse, ces États secondaires, obligés de subir l'ascendant de l'une ou de l'autre des deux principales puissances fédérales, n'hésiteraient pas à se ranger sous l'autorité de celle qui, par son rôle européen, par la gloire de ses armes, par le prestige de sa force et de sa supériorité intellectuelle, exercerait sur eux une attraction invincible. Leur entraînement serait stimulé par l'espoir de trouver auprès de la Prusse une protection que la Bavière serait impuissante à leur assurer, et qu'ils accepteraient d'une Cour ayant le rang d'une grande puissance dans le monde, tandis qu'ils dédaigneraient de la demander à une Cour qu'ils considèrent comme à peu près leur égale. Les jalousies de voisinage, les différences de tempérament, de religion, d'idées politiques et sociales, sépareraient de plus en plus la Bavière catholique et conservatrice de ses confédérés du Sud, qui sont protestants et pénétrés par l'esprit démocratique.

« Il y a plus : la vue d'une Allemagne compacte, dont les membres trouveraient dans leur étroite union, sous l'égide de la Prusse, ces garanties de force et de gloire, ces satisfactions d'amour-propre politique dont les Allemands ont été si longtemps privés et dont ils sont comme affolés aujourd'hui, en même temps que les avantages d'une administration bien disciplinée, fonctionnant avec équité et promptitude; cette vue ne tarderait pas à exercer une influence considérable sur les populations allemandes de l'Autriche. Ces populations, en effet, désormais isolées politiquement au milieu des Magyars et des Slaves qui composent la plus grande partie de l'empire d'Autriche, et vis à vis desquels elles perdraient de jour en jour davantage leur prestige de race dominante, sentiraient de plus en plus leur affinité naturelle avec les populations de même sang, leurs voisines, gouvernées de Berlin. Cette force d'attraction augmentant d'intensité, en même temps que les autres races autrichiennes tendraient à s'affranchir individuellement, l'empire d'Autriche se verrait menacé d'une décomposition prochaine, et sa défaite sur les champs de bataille ne serait que le prélude de sa dislocation intérieure. L'Allemagne attirant à elle les Allemands momentanément rejetés de son sein, cette Allemagne, qui serait la Prusse, reconstituerait, au centre de l'Europe, sans aucun contre-poids, une puissance aussi grande et plus formidable, par sa cohésion, que celle des anciens empereurs, au temps de leurs ambitions les plus hautes. »

VI.

M. Drouyn de Lhuys s'était vainement efforcé de décider l'empereur Napoléon III à s'opposer aux acquisitions territoriales de la Prusse (1).

Pendant que, dans ses entretiens avec M. le comte de Goltz, le ministre déclarait que la France ne saurait y consentir, parce que ces agrandissements rompraient l'équilibre européen et compromettraient la sûreté de notre frontière, l'Empereur, dans des conversations intimes avec cet ambassadeur, concédait à la Prusse l'incorporation de territoires considérables.

Entravé par ces engagements pris en dehors de lui, le ministre des affaires étrangères demanda que, du moins, en présence de l'énorme développement de la puissance agressive d'un redoutable voisin, la force défensive de la France fût accrue dans la mesure devenue strictement nécessaire à sa sécurité.

C'est à cette nouvelle phase que se rapporte la pièce qui suit :

LETTRE DE M. DROUYN DE LHUYS AU COMTE DE GOLTZ.

« Vichy, 3 août 1866.

« Mon cher ambassadeur, je m'empresse de répondre à la lettre que vous m'avez fait l'honneur de m'écrire en date d'avant-hier, relativement au désir énoncé par M. de Bismarck de nous

Voir l'APPENDICE, p. 65

voir reconnaître officiellement les annexions que la Prusse se propose d'opérer dans le nord de l'Allemagne. Toutes les fois que, dans mes conversations avec vous, j'ai abordé la question de changements territoriaux qui pourraient avoir lieu au profit de la Prusse, je vous ai exprimé la confiance que le cabinet de Berlin reconnaîtrait l'équité et la convenance d'accorder à l'Empire français des compensations de nature à augmenter, dans une certaine proportion, sa force défensive. Le 23 juillet j'ai rappelé cette réserve à M. Benedetti, par une dépêche qui a reçu l'approbation de l'Empereur ; cette dépêche a été confidentiellement communiquée par notre ambassadeur à M. le comte de Bismarck, qui, admettant l'équité de ce principe, a même échangé avec lui quelques idées concernant les moyens d'en réaliser l'application pratique.

« Cet entretien, dont M. Benedetti me rend compte dans une lettre du 26 juillet, est antérieur à la signature des Préliminaires et de l'armistice. Il devait être repris ultérieurement.

« En réponse à cette lettre, j'ai adressé à M. Benedetti, sous la date du 29, un télégramme également approuvé par Sa Majesté, dans lequel je précise nos vues, et que notre ambassadeur a dû recevoir soit à Nikolsbourg, soit, par duplicata, à Berlin.

« Comme dans votre lettre, mon cher comte, vous vous référez à vos entretiens avec l'Empereur, je n'ai pas manqué de la placer sous les yeux de Sa Majesté et de prendre ses ordres. Voici, en substance, la réponse que je suis chargé de vous faire.

« L'Empereur, en interposant ses bons offices pour le rétablissement de la paix, n'hésita pas à admettre que la Prusse, à la suite de ses succès, pouvait prétendre à une extension de territoire comportant une population de trois à quatre millions. Il ne pouvait, d'ailleurs, méconnaître que cet agrandissement modifierait gravement, sur notre frontière, l'équilibre des forces. Mais Sa Majesté n'a pas voulu compliquer les difficultés d'une œuvre d'intérêt européen, en traitant prématurément avec la Prusse des questions territoriales qui touchent particulièrement la France, et qui, du reste, ne figuraient pas dans les Préliminaires. Il lui semblait suffisant de les avoir indiquées, et elle se réservait d'en poursuivre l'examen d'un commun accord avec le cabinet de Berlin, lorsque son rôle de médiateur serait terminé. C'est dans cette pensée que l'Empereur m'a donné l'ordre d'adresser à M. Benedetti les instructions rappelées ci-dessus. Dès que la réponse de notre ambassadeur me sera parvenue, je pourrai vous informer, mon cher comte, des résolutions auxquelles Sa Majesté se sera arrêtée sur les points indiqués dans votre lettre.

« Agréez, etc. »

VII

On n'a pas oublié que l'empereur Napoléon III ne tarda pas à abandonner la position que son ministre venait de prendre avec son assentiment.

M. Drouyn de Lhuys se retira ; les conquêtes de la Prusse furent reconnues sans condition, et M. le marquis de La Valette inaugura, dans une célèbre circulaire, la politique des trois tronçons et des grandes agglomérations européennes.

Cette évolution donna lieu à un incident qui se trouve rapporté dans l'article qu'on va lire :

« Au commencement du mois de septembre 1866, c'est-à-dire peu de jours après la retraite de M. Drouyn de Lhuys du ministère des affaires étrangères, un journal anglais publia la lettre suivante, adressée par l'Empereur à M. le marquis de La Valette :

« 12 août 1866.

« Mon cher monsieur La Valette,

« J'appelle votre sérieuse attention sur les faits suivants :

« Dans le cours d'une conversation entre Benedetti et
« M. de Bismarck, M. Drouyn de Lhuys a eu l'idée d'envoyer
« à Berlin un projet de convention, au sujet des compensa-
« tions auxquelles nous pouvons avoir droit.

« Cette convention, dans mon opinion, aurait dû rester
« secrète, mais on en a fait du bruit à l'extérieur, et les
« journaux vont jusqu'à dire que les provinces du Rhin nous
« ont été refusées.

« Il résulte de ma conversation avec Benedetti, que nous
« aurions toute l'Allemagne contre nous, pour un très-petit
« bénéfice.

« Il est important de ne pas laisser l'opinion publique s'é-
« garer sur ce point. Faites contredire très-énergiquement

« ces rumeurs dans les journaux. J'ai écrit dans ce sens à
« M. Drouyn de Lhuys. Il m'envoie aujourd'hui la *Corres-*
« *pondance Havas* ci-incluse. Le véritable intérêt de la
« France n'est pas d'obtenir un agrandissement de terri-
« toire insignifiant, mais d'aider l'Allemagne à se constituer
« de la façon la plus favorable à nos intérêts et à ceux de
« l'Europe.

« Recevez l'assurance de ma sincère amitié.

« NAPOLÉON. »

« M. Drouyn de Lhuys, ayant eu connaissance de cette publication, reproduite par les journaux français, et notamment
par la *France* du 10 octobre 1867, écrivit à l'Empereur ce qui
suit :

« Champvallon, par Joigny (Yonne),
« 12 octobre 1867.

« Sire,

« J'ai l'honneur de vous adresser un numéro de la *France*, qui
publie une lettre attribuée à Votre Majesté par le journal anglais le *Globe*.

« Je ne veux pas rechercher l'origine de cette singulière confi-
dence, faite à une feuille étrangère, d'une lettre intime de l'Empereur à son ministre de l'intérieur.

« Je ne ferai, à ce sujet, qu'une simple observation.

« Cette lettre pourrait prêter à deux inductions mal fondées.
Elle semble donner à entendre : 1° que les communications
que je fis à Berlin, au mois d'août 1866, auraient eu lieu

sans la participation, et presque à l'insu de Votre Majesté;
2° que M. Benedetti aurait combattu la pensée de demander à la Prusse des compensations ou des garanties pour la
France.

« Or, il résulte de ma correspondance avec Votre Majesté, et
des lettres de M. Benedetti, que je relisais encore ce matin, la
preuve manifeste :

« 1° Que les instructions envoyées alors à Berlin ont été lues,
corrigées et agréées par Votre Majesté;

« 2° Que M. Benedetti, dans quatre lettres écrites à cette même
époque, non-seulement approuvait, mais provoquait, en termes
pressants, une demande de compensations, à laquelle, disait-il,
on s'attendait à Berlin, et dont il garantissait le succès, pourvu
que notre langage fût net et notre attitude résolue. Il n'a pas
tenu à moi que cette condition fût remplie.

« Telle est, Sire, la vérité. Je regretterais qu'elle fût altérée par
des commentaires attribuant à Votre Majesté, ainsi qu'à moi,
un rôle peu digne de l'un et de l'autre.

« Je suis, Sire, etc., etc.

« Signé : DROUYN DE LHUYS. »

VIII

Extrait de l'*International* du 6 décembre 1870 :

« Les papiers trouvés aux Tuileries jettent une nouvelle lumière
sur la politique suivie par l'empereur Napoléon dans les affaires
d'Allemagne.

« Le *Nouvelliste de Rouen* a publié, dans ses numéros des 20 et 21 de ce mois, deux articles empruntés au *Français*, et intitulés :

« *La guerre actuelle. — Ses origines. — Son caractère. — Sa fin.*

« On a vu dans cette étude comment les propositions faites par M. Drouyn de Lhuys, alors ministre des affaires étrangères, pour prévenir ou arrêter les agrandissements territoriaux de la Prusse, furent ou désavouées ou abandonnées par l'empereur Napoléon.

« M. Drouyn de Lhuys, avant de se retirer, voulut tenter un dernier effort et présenta, sous une forme confidentielle, une nouvelle combinaison exposée dans la note suivante :

« NOTE DE M. DROUYN DE LHUYS.

« Paris, 8 août 1866.

« La politique de la France est guidée par un désir manifeste de maintenir avec la Prusse des relations amicales. Pour que la continuation de cette politique soit possible, pour que le gouvernement impérial puisse la faire accepter par l'opinion publique, il faut que l'alliance des deux nations repose sur leur situation réciproque n'impliquant, pour aucune d'elles, ni préjudice ni menace. Or, il serait inutile de dissimuler que les transformations qui s'accomplissent en Allemagne, modifient sensiblement l'équilibre des forces dans lequel la France a trouvé, depuis 1815, sa seule sécurité.

« C'est donc un devoir pour l'empereur Napoléon de rechercher d'autres garanties, et ce n'est qu'à la condition de se mettre d'accord sur ce point avec la Cour de Berlin, qu'il pourra donner à ses bons rapports avec elle un caractère vraiment durable. Le cabinet des Tuileries n'est point poussé par l'ambition d'englober sous ses lois des territoires situés en dehors des limites de la France, et encore moins des populations de nationalité étrangère; ses déclarations réitérées, son attitude invariable dans les complications européennes, le mettent à l'abri de soupçons de ce genre. Si, donc, il était amené à demander aujourd'hui une extension de frontières pour la France, il n'y serait contraint que par l'impérieuse nécessité de veiller à la défense nationale.

« En effet, devant les agrandissements que va recevoir la Prusse, et qui résultent, pour elle, non-seulement d'annexions territoriales considérables, mais encore d'une organisation politique qui la rendra l'arbitre toute-puissante de l'Allemagne, on reconnaîtra que la sécurité du territoire de la France serait gravement compromise, et que le gouvernement impérial serait autorisé à réclamer des positions équivalentes.

« Cependant une combinaison différente se présente à l'esprit, qui, sans soulever les mêmes objections, atteindrait le même but.

« Ce qu'il faut à la France, c'est une protection sur ses frontières; car il lui sera plus aisé d'entretenir avec ses voisins les relations cordiales qu'elle s'attache à conserver, lorsqu'elle n'aura rien à craindre de leur prépondérance. Le meilleur moyen d'assurer ce résultat ne consisterait-il pas dans l'interposition d'un État neutre qui, comprenant les pays allemands situés sur la rive gauche du Rhin, supprimerait à la fois tout contact et toute cause de rivalité entre la France et la Prusse?

« La formation d'un tel État, en reculant un voisinage facilement redoutable, permettrait à la France de renoncer aux revendications territoriales, et de rester dans une ligne de conduite plus conforme aux principes, comme aux inclinations de son gouvernement. L'Europe verrait avec satisfaction les occasions d'un conflit entre deux grands peuples définitivement éloignées, grâce à un établissement conçu dans l'esprit même qui a présidé à l'organisation de la Suisse moderne et de la Belgique.

« Le nouvel État trouverait dans l'homogénéité des populations de la Prusse, de la Hesse et de la Bavière rhénane, dans l'unité du territoire, dans le nombre et la richesse des habitants, d'excellentes conditions de vitalité, tandis que la neutralité perpétuelle, garantie par les puissances limitrophes, le mettrait à l'abri de tout danger extérieur.

« La Prusse pourrait, sans démentir les principes qui font sa force, admettre l'existence autonome d'un État purement germanique, séparé politiquement de l'Allemagne nouvelle qu'elle veut créer, mais restant en communication intellectuelle avec ce grand pays. Les acquisitions qu'elle se prépare à faire dans les pays occupés par ses armes, lui offrent des compensations matérielles qui couvriraient amplement le sacrifice territorial auquel elle se prêterait, et l'accroissement de sa puissance compacte lui permettrait de souscrire, sans détriment, à un pareil échange.

« En résumé, la combinaison dont il s'agit, honorable pour toutes les parties, compatible avec les principes des deux Cours alliées, basée sur des précédents que la prudence des cabinets de l'Europe a établis et qui ont reçu la sanction du temps, présente la sauvegarde la plus efficace des intérêts mutuels de la France et de l'Allemagne. Si le cabinet de Berlin tient sincèrement à l'amitié du gouvernement français, il doit éviter d'asseoir dans des positions offensives la formidable puissance militaire dont il va disposer, et dont l'extension sur les frontières mêmes de la France, telles que les traités de 1815 les ont faites, serait une menace permanente. La nation française, provoquée par le sentiment de sa propre conservation, réagirait bientôt avec une force irrésistible contre ce danger, et la sagesse des gouvernements serait impuissante à modérer les passions rivales qui pousseraient l'une contre l'autre deux grandes nations.

« Ce système répond donc aux nécessités des deux pays; il exclut les accroissements de force offensive compromettants pour l'un ou pour l'autre, et il élève entre eux un rempart qui écarte à jamais toute menace pour l'un d'eux, tout péril pour leur alliance. »

« La combinaison présentée par M. Drouyn de Lhuys, et très-nettement exposée dans la note qu'on vient de lire, ne fut pas accueillie par l'Empereur. Le cabinet de Berlin, encouragé par cette condescendance, et convaincu qu'il pouvait tout oser impunément, passa outre et continua le cours de ses annexions. On sait le reste. »

IX

Extrait de l'*Indépendant des Basses-Pyrénées*, du lundi
2 janvier 1871. (*Question du Luxembourg.*)

« Au moment où l'attention du public est ramenée sur la question du Luxembourg, on lira sans doute avec intérêt la note suivante, remise à l'Empereur par **M.** Drouyn de Lhuys, et dans
laquelle cet ancien ministre exprimait, à ce sujet, des prévisions
dont l'événement a confirmé la parfaite justesse :

« Paris, le 14 avril 1867.

« Quelles sont la marche et l'issue probables des négociations
ouvertes sur la question du Luxembourg ?

« Les puissances signataires des arrangements de 1839, deman-
deront à **M.** de Bismarck si l'intention de la Prusse est de continuer
à tenir garnison dans la forteresse de Luxembourg. Elles lui
feront observer que, la Confédération germanique étant abolie, il
ne saurait plus y avoir ni forteresses, ni garnisons fédérales en
vertu de l'ancien pacte, et que, par conséquent, une troupe indi-
gène devrait remplacer les soldats prussiens, puisque le Grand-Duc
a recouvré la plénitude de sa souveraineté.

« M. de Bismarck répondra que le droit de la Prusse repose sur
une convention particulière conclue le 8 novembre 1816, à Franc-
fort, avec le roi des Pays-Bas, et non pas seulement sur les dispositions du pacte fédéral; mais que, néanmoins, sans s'arrêter à
cet argument, il avait lui-même reconnu spontanément devant le
Reichstag que le roi Guillaume était rentré dans la pleine souve-

raineté du Grand-Duché, et que ni le Luxembourg ni le Limbourg ne devraient être incorporés, contre leur volonté, dans la Confédération du Nord ; que cette déclaration impliquait, de la part de la Prusse, l'intention d'abandonner la forteresse après un règlement de comptes ; mais que la nouvelle du projet de cession du Luxembourg à la France avait changé ses dispositions, attendu que l'opinion publique en Allemagne ne permettait pas de livrer le Luxembourg aux Français.

« Les puissances répliqueront : « La Prusse n'aurait donc pas d'objection à évacuer la forteresse, si elle avait la certitude que la France ne l'occupera jamais ? »

« Peut-être, » répondra M. de Bismarck.

« On cherchera un arrangement pour donner satisfaction au cabinet de Berlin.

« On en trouvera deux.

« D'abord, on proposera un échange de déclarations par lesquelles le roi grand-duc s'engagera à ne jamais céder à la France, et la France, à ne jamais acquérir le Luxembourg.

« Cette combinaison sera repoussée par le cabinet des Tuileries comme blessante pour sa dignité et comme inique, puisqu'elle fermerait à la France et laisserait ouverte à la Prusse la chance d'obtenir un jour la possession de ce territoire.

« On prendra la France au mot et on lui dira : Il y a un moyen d'interdire à tous l'acquisition du Luxembourg : c'est de le déclarer neutre et inviolable, de le placer sous la garantie perpétuelle et collective de l'Europe, en le laissant au roi grand-duc ; en un mot, de l'assimiler à la Belgique.

« Si la France accepte cette proposition, en voici les conséquences :

« 1° Au lieu d'une interdiction actuelle et temporaire, la France sera placée sous une interdiction perpétuelle d'acquérir par un moyen quelconque le Luxembourg.

« 2° Au lieu d'avoir à disputer le Luxembourg seulement à la Prusse et à l'Allemagne, elle aura devant elle l'Europe tout entière et ses propres engagements.

« C'est ainsi que, pour un incident de médiocre valeur, nous nous exposons à fermer à notre politique de l'avenir toutes les ssues et toutes les perspectives.

« La politique pacifique et expectante ayant définitivement prévalu, la seule manière utile de la pratiquer, c'est d'écarter ce qui peut agiter les esprits, de préparer en silence nos moyens militaires, et de ne prendre aucun engagement de nature à gêner notre liberté pour l'avenir. »

———— ————

X

Extrait du *Journal de Montélimar*, du 18 mars 1871 :

« Si le cabinet des Tuileries s'est fait illusion sur les dangers dont les agrandissements de la Prusse menaçaient la France et l'Europe, sur l'indifférence de la cour de Berlin à l'égard des vœux exprimés par Napoléon, et sur la probabilité d'une complète unification de l'Allemagne, ce n'est pas assurément faute d'avoir été, sur ces divers points, averti par de sages conseils. Nous en trouvons la preuve dans les passages suivants de la correspondance de **M.** Drouyn de Lhuys avec l'Empereur :

« Il ne faut pas, disait cet ancien ministre, le 16 juin 1867, se
« faire illusion sur la réalité des choses. Aujourd'hui, la France
« est garrottée dans ses anciennes limites, et l'Allemagne a ses

« coudées franches pour s'agrandir. La France ne peut s'étendre
« ni du côté de l'Espagne, la géographie le défend ; — ni du côté
« de l'Italie, pour la même raison ; — ni du côté de la Suisse : elle
« y rencontre la barrière de la neutralité garantie par l'Europe ; —
« ni du côté de la Belgique, par la même cause. Restait le Luxem-
« bourg, où nous venons de contribuer à élever contre nous le
« même obstacle.

« L'Allemagne (ou la Prusse, car ces deux mots sont devenus
« presque synonymes) peut s'étendre, au contraire, vers la Hol-
« lande, en prenant les places de la Meuse, Rotterdam et d'autres
« bonnes positions ; vers le Danemark, où elle peut envahir le
« Jutland, etc.; vers l'Autriche, dont elle peut détacher la partie
« allemande ; vers la Russie, où elle trouve les contrées quasi-
« allemandes de la Livonie, de l'Esthonie, de la Courlande. De tous
« ces côtés, point de garantie européenne.

« Lorsque l'empereur Napoléon Ier préconisait le système des
« grandes agglomérations européennes, il avait eu soin de com-
« mencer par la France, dont il avait complété le système terri-
« torial, en y rattachant les plus fortes positions militaires et
« maritimes.

« Aujourd'hui, sauf Nice et la Savoie, nous avons nos frontières
« de 1815, les frontières de la défaite, tandis que les forces de
« l'Allemagne ont décuplé, en se condensant, et qu'une grande
« marge leur reste encore. »

« Au moment de l'Exposition universelle, on s'était flatté, aux
Tuileries, d'exercer quelque influence sur les résolutions du roi
Guillaume et de M. de Bismarck, par une action personnelle et des
conversations intimes. M. Drouyn de Lhuys, réduisant à leur juste
valeur ces vaines espérances, disait dans une note du 24 juin 1867 :

« La France avait manifesté quatre désirs :

« 1° Que les petites dynasties allemandes, spoliées par la Prusse,
« sous les auspices de la médiation de l'Empereur, fussent, du
« moins, traitées avec quelque ménagement ;

« 2° Que la nationalité des habitants des districts danois du
« Sleswig fût respectée ;

« 3° Que la Confédération du Sud, de l'Allemagne, eût une
« existence distincte et séparée ;

« 4° Que le Luxembourg, s'il n'était pas français, ne devînt pas
« allemand.

« Que s'est-il passé pendant et après le séjour du roi de Prusse
« et de M. de Bismarck à Paris? Quel compte a-t-on tenu de ces
« vœux légitimes?

« 1° La maison de Hanovre a été l'objet des plus rigoureuses
« persécutions ;

« 2° Les Danois du Sleswig ont été plus que jamais opprimés et
« pourchassés ;

« 3° Pendant que des traités d'alliance *offensive* et *défensive*
« rattachaient la Confédération du Sud à celle du Nord, et la pla-
« çaient, en cas de guerre, sous le commandement de la Prusse,
« une convention soumettait toutes les questions commerciales,
« entre le Nord et le Sud, à la décision d'une assemblée où la
« Prusse compte 29 voix contre 8; c'est-à-dire que l'inféodation
« militaire et économique s'accomplissait au mépris du traité de
« Prague.

« En même temps, la Prusse occupe Mayence, qui ne lui ap-
« partient pas, et qui n'est pas située sur le territoire de la Confé-
« dération du Nord.

« Enfin elle prépare la création ou le développement de plu-

« sieurs places de guerre, et se réserve le droit de comprendre
« dans sa Confédération la portion de la Hesse en deçà du Mein,
« malgré la lettre du traité.

« 4° Elle s'apprête à germaniser le Luxembourg, en le faisant
« entrer dans les liens plus étroits du nouveau Zollverein ; ce que
« le roi des Pays-Bas avait considéré, en 1841, comme l'équiva-
« lent d'une absorption. »

« Quant aux chances d'unification des différentes parties de
l'Allemagne, voici l'opinion qu'exprimait M. Drouyn de Lhuys
dans une note remise à l'Empereur, le 26 septembre 1867 :

« Je viens de passer un mois sur les bords du Rhin. Les pro-
« vinces rhénanes jouissent d'une prospérité inouïe et toujours
« croissante. Elles sont devenues fières de leur gouvernement. La
« guerre, il y a quinze mois, pesait sur elles d'un poids énorme
« et intolérable ; mais l'orgueil du succès a effacé le souvenir des
« sacrifices. Personne, en Allemagne, ne croit à nos sympathies :
« toutes les protestations de notre gouvernement n'y rencontre-
« ront qu'une froide et moqueuse incrédulité. Mieux vaudrait le
« silence ; car nous avons beau dire, on nous fait l'honneur de
« penser qu'au fond nous ne sommes pas contents de la situation
« qui nous est faite.

« On croit à l'*unification* de l'Allemagne ; il n'y a de doute que
« sur le mode. Se fera-t-elle par l'action régulière du cabinet
« prussien, ou par un effort de la démocratie ? Il y a concurrence
« entre ces deux pouvoirs : c'est à qui des deux s'assurera l'hon-
« neur et l'avantage de ce triomphe. De là, pour l'entreprise, une
« double chance de succès.

« Voilà le résumé de mes impressions de voyage. Mais je dois

« ajouter que tous les touristes ne sont pas de mon avis : témoin
« le correspondant dont je joins ici deux lettres. Je persiste à
« croire qu'il se trompe et que la Prusse surmontera les difficultés
« qui peuvent surgir en Allemagne. »

« Il y a bien loin, comme on le sait, de l'opinion de l'homme
d'État qui écrivait ces notes à celle des conseillers mal inspirés
qui, annonçant une prétendue scission de l'Allemagne en trois
fragments, et supposant que le drapeau de l'Allemagne du Sud ne
suivrait pas celui de la Prusse, ont lancé la France dans les hasards d'une guerre à laquelle elle était si peu préparée. »

XI

Extrait de l'*Indépendance belge* :

« En août 1867, au moment où Napoléon III se rendait à
Salzbourg, pour y avoir une entrevue avec l'empereur d'Autriche,
M. Drouyn de Lhuys lui remit la note suivante :

« 16 août 1867.

« LA FRANCE ET L'AUTRICHE.

« La force de la France consiste en ce point qu'elle est le plus
grand État de l'Europe composé d'une seule race, et la plus
grande race formant un seul État. Il existe d'autres races plus

nombreuses, mais elles sont divisées en plusieurs États; il existe des États plus vastes, mais ils sont composés de différentes races.

« L'intérêt de la France est de maintenir cette situation et ce rapport : elle doit empêcher les grands États d'absorber les petits et de contraindre les fractions de grandes races à s'unir à un seul corps. Elle ne doit pas désirer que de vastes agglomérations se forment, avant du moins qu'elle n'ait acquis, elle-même, son maximum de puissance et de sécurité territoriales.

« Dans ce système, qui est le vrai, la France pouvait tirer de l'Autriche un parti très-utile en la limitant, mais en la soutenant.

« Les guerres de l'ancienne Monarchie, de la République et du premier Empire avaient assez réduit l'Autriche; le conflit intérieur et permanent des éléments divers de sa population, les rivalités de la Prusse en Occident, de la Russie en Orient, la contenaient assez pour que notre sûreté ne fût pas sérieusement menacée par elle.

« Dans ces conditions, elle nous rendait le grand service de diviser les races allemande, italienne et slave.

« Par la guerre d'Italie, d'abord, puis par notre conduite récente dans les affaires d'Allemagne, nous avons porté de terribles coups à cette vieille monarchie. Si sa dislocation s'achevait, chacun de ses fragments irait se réunir au groupe respectif avec lequel il a une affinité d'origine.

« Ce n'est pas assurément ce que l'on a voulu; on ne s'était pas proposé de fondre en un seul État compacte tous les Italiens ou quasi-Italiens, de constituer l'unité allemande et de préparer le panslavisme.

« Aussi se préoccupe-t-on de chercher les moyens de sauver du naufrage les débris de l'empire d'Autriche.

« Pourrait-on l'aider par la force à reprendre, en Allemagne, la position qu'on a cru impossible de lui conserver, il y a un an? Assurément non. *Aujourd'hui l'unité allemande est faite. Les États et les dynasties qui repoussaient l'hégémonie prussienne, devront désormais la subir fatalement.* Ce n'est pas, comme en 1866, contre la Prusse, avec des alliés allemands (Saxons, Hanovriens, Bavarois, Wurtembergeois) qu'il faudrait aujourd'hui combattre, mais bien contre l'Allemagne, avec des alliés autrichiens (Hongrois, Croates, etc., etc.). On ne saurait y songer.

« L'empire d'Autriche, comme compensation de ses pertes, cherchera-t-il des acquisitions en Orient, aux dépens de la Turquie, et lui offrirons-nous notre assistance pour atteindre ce but? Cela est impossible. Ce serait violer les traités, nous brouiller avec l'Angleterre et réunir dans une formidable alliance les cabinets de Londres, de Pétersbourg, de Constantinople et celui de Berlin, qui, sous couleur de défendre l'intégrité de l'Empire ottoman, écraserait l'Autriche. Qu'y gagnerions-nous d'ailleurs? Quels seraient pour nous les fruits de la guerre? En Orient, nos acquisitions seraient coûteuses et précaires; en Occident, difficiles et disputées par l'Europe entière, car elles seraient injustifiables.

« Il faut bien le dire, la base manque aujourd'hui pour un arrangement de quelque importance avec l'Autriche. Éviter les irritations en Allemagne, sans s'abaisser par de pusillanimes condescendances, tel semble devoir être, en définitive, le programme du voyage de Salzbourg. »

XII

On sait que l'une des préoccupations les plus vives de M. de Bismarck était la création d'une flotte allemande. Cette préoccupation répondait aux besoins de protéger les intérêts du commerce de l'Allemagne, dont le développement, dans l'extrême Orient, est signalé par la note que voici :

NOTE REMISE A NAPOLÉON III PAR M. DROUYN DE LHUYS,
LE 1er MARS 1869 (1).

« De toutes les nations celle qui, sans avoir participé aux chances de la guerre contre la Chine, en a le plus largement profité, c'est assurément l'Allemagne du Nord.

« Autrefois, l'unique commerce existant entre l'Europe et la Chine, celui de l'opium, se trouvait aux mains des Anglais. Aussi, les villes hanséatiques ne possédaient-elles, dans cet empire, que des comptoirs de peu d'importance. Depuis lors (1865 et 1866), plusieurs grandes maisons anglaises, qui, pendant de longues années, avaient accaparé le commerce de l'extrême Orient, ont disparu à la suite de revers financiers, et sur leurs ruines sont venues s'établir beaucoup d'autres maisons, parmi lesquelles l'Allemagne du Nord compte les plus florissantes.

(1) Cette note a été publiée par l'*Indépendance belge*, le 28 janvier 1871.

« La statistique montre que, dans les deux dernières années, si les navires marchands de Brême, de Hambourg et des autres ports annexés, qui portent tous maintenant le pavillon de l'Allemagne du Nord, ne prédominent pas dans les eaux de la Chine et du Japon, ils peuvent presque lutter déjà, sous le rapport du nombre, avec les Anglais et les Américains. Une grande partie du commerce de cabotage leur appartient. Quant à la marine marchande de la France, elle passerait presque inaperçue, si elle n'avait les Messageries impériales pour la représenter.

« Outre un sens commercial très-développé, les Allemands ont sur les Français l'immense avantage de s'expatrier facilement, et, sur les Anglais, celui de vivre avec économie. Leurs aptitudes commerciales sont tellement appréciées, qu'au Japon plusieurs maisons françaises importantes ont placé des Allemands à la tête de leurs agences. En 1868, à Yokohama, sur dix à douze maisons françaises, cinq des plus importantes étaient représentées par trois Allemands, un Suisse et un Maltais.

« Les intérêts commerciaux de l'Allemagne du Nord, dans cette partie du monde, se sont trouvés garantis, jusqu'à ce jour, par la présence des stations navales de la France, de l'Angleterre et des États-Unis, car on ne peut regarder comme une protection efficace les rares apparitions que les navires de guerre prussiens ont faites dans les mers de la Chine et du Japon.

« Lorsque l'Allemagne aura une marine militaire assez nombreuse pour envoyer, elle aussi, une station navale dans l'extrême Orient, il est à croire que son commerce, soutenu d'une façon plus directe, prendra une très-grande extension. »

XIII

Extrait de l'*Indépendance belge*, du 3 février 1871. — (*Candidature au trône d'Espagne du prince de Hohenzollern*) :

« Lorsque, dans les premiers jours du mois de juin 1870, la nouvelle officielle de l'offre du trône d'Espagne au prince de Hohenzollern éclata comme un coup de tonnerre dans le ciel serein de la politique étrangère de M. Emile Ollivier, on devait supposer qu'aucun signe précurseur n'avait fait pressentir l'orage. A voir la surprise indignée que cet événement causa au palais des Tuileries, on eût dit qu'un pareil projet était absolument imprévu. Il n'en est rien cependant. Quelques paroles prononcées dans le cours des débats engagés devant le Corps législatif nous apprirent alors que l'éveil avait été donné déjà depuis longtemps. Les archives du cabinet de Napoléon III en contiennent la preuve incontestable. La lettre suivante démontre que, dès le mois de novembre 1869, ce point noir avait été signalé à l'horizon.

« *A l'Empereur*.

« 17 novembre 1869.

« Sire,

« J'ai l'honneur de placer sous les yeux de Votre Majesté une

« lettre confidentielle et deux documents qui traitent des diverses
« candidatures au trône d'Espagne. L'auteur demande un prince
« *quelconque* majeur et capable ; mais, en réalité, c'est le prince
« Léopold de Hohenzollern qui semble avoir ses préférences.

« L'Empereur trouvera peut-être utile de se faire rendre compte
« de ces pièces.

« Je suis, etc.

« Signé : Drouyn de Lhuys. »

« Ainsi prévenue depuis l'année précédente, que fit la Cour de
France pour s'opposer; par les voies diplomatiques, à l'accomplissement d'un dessein qui lui semblait si grave que la guerre devait
s'ensuivre ? Nous avons feuilleté les documents parlementaires
pour découvrir la trace des efforts tentés à cet effet. La seule
démarche dont il soit fait mention est une demande adressée ver-
balement par l'ambassadeur de France, non pas au comte de
Bismarck lui-même, mais à M. de Thiele, son suppléant intéri-
maire, afin de s'enquérir de la réalité des bruits qui circulaient à
cet égard. M. de Thiele répondit qu'il ne fallait pas s'arrêter à
ces vaines rumeurs, et le cabinet des Tuileries se tint pour
satisfait.

« Se réservait-il, en prenant acte de cette dénégation, d'exiger
de la Prusse, par la force des armes, le respect d'une parole si légè-
rement acceptée ? Songeait-il à en faire un *casus belli* ? Mais alors
quelles mesures a-t-il prises ? comment s'est-il préparé à une
guerre éventuelle ? La capitulation de Sedan, la prise de Stras-
bourg, la reddition de Metz et le bombardement de Paris répon-
dent à cette question. »

XIV

Extrait du journal *The Observer* (*De l'indépendance de la Belgique*) :

« On se rappelle qu'au commencement de l'année 1869, l'Europe conçut de vives appréhensions au sujet de la Belgique. Des paroles menaçantes pour ce pays furent prononcées dans plusieurs circonstances, et particulièrement à l'occasion d'un débat relatif à des règlements d'administration de chemins de fer. Les journaux inspirés par le ministre d'État se distinguaient par la violence de leur langage et prêchaient l'annexion. On crut, à cette époque, que les deux ministres qui avaient soutenu le système des grandes agglomérations, après Sadowa, MM. Rouher et de La Valette, voulaient trouver, aux dépens de la Belgique, la compensation des agrandissements territoriaux de la Prusse, que leur politique avait favorisés.

« D'autres hommes d'État ne partageaient pas cet avis. Voici la note que M. Drouyn de Lhuys remit, sur ce sujet, à l'Empereur Napoléon.

« NOTE DE M. DROUYN DE LHUYS.

« L'incident franco-belge a jeté dans le public des préoccupations qu'il n'est pas inutile de bien connaître. Si les négociations qui vont s'ouvrir cachent des arrière-pensées d'annexion, il y a lieu, dès à présent, de ne se faire aucune illusion sur la situation qui en résultera pour la France, vis à vis des cabinets étrangers.

« L'Angleterre, cela n'est pas douteux, protestera. Elle est sincèrement attachée à la petite nationalité belge; de plus, il est de tradition chez elle de considérer l'occupation du port d'Anvers par la France, comme un événement très-préjudiciable à son influence maritime.

« L'Autriche ne verrait pas non plus, sans un vif déplaisir, la France réaliser un agrandissement territorial qui porterait sur une des plus belles possessions de l'ancien empereur d'Allemagne, et qui entraînerait la chute d'un souverain allié à la fille de l'archiduc Joseph.

« La Russie, sans avoir dans la question, à ces divers points de vue, des intérêts aussi directs que l'Angleterre et l'Autriche, montrerait cependant un égal mécontentement. Les principes du droit divin qui régnent dans cette Cour, et d'autres circonstances encore, ne manqueraient pas de lui communiquer des impressions fâcheuses au sujet d'une annexion qu'elle considérerait, tout au moins, comme une grave infraction aux traités internationaux.

« Mais ce qu'il importe surtout de chercher, c'est l'attitude que prendrait la Prusse. Or, il n'y a pas à s'y tromper, le jour où la France annexera la Belgique, la Prusse occupera la Hollande.

« Aux remontrances que lui fera l'Europe, le cabinet de Berlin répondra : « Je n'ai voulu, en occupant la Hollande, que m'as-

« surer des garanties contre les ambitions de la France. Que si les
« grandes puissances veulent se réunir à moi pour protéger la
« nationalité belge, placée sous une garantie collective qui a été
« renouvelée implicitement par le traité de Londres de 1867, je
« suis prêt à participer à une guerre qui aura pour but de faire ren-
« trer le gouvernement de l'Empereur dans l'exécution de ses
« engagements les plus précis. Mais, sans cela, je ne puis admet-
« tre que l'occupation de la Hollande par la Prusse constitue une
« violation des traités, plus formelle que l'occupation de la Bel-
« gique par la France. »

« Ainsi cet agrandissement territorial ne pourrait aboutir qu'à
l'un ou à l'autre de ces deux résultats : — ou une coalition formidable contre la France, ou la réunion de la Hollande à l'Allemagne du Nord.

« Or, l'avantage que l'on retirerait de la possession de la Belgique, serait-il en proportion avec de semblables dangers ? On ne le
pense pas.

« Napoléon Ier subordonnait formellement l'utilité de ces agrandissements, et même de la ligne du Rhin, au maintien de la Confédération germanique. Quand il n'était encore que général de la
République française, Bonaparte écrivait au Directoire, le
26 mai 1797 :

« Culbuter le corps d'Allemagne, *c'est perdre l'avantage de la*
« *Belgique et de la limite du Rhin ;* car c'est mettre, là, dix ou
« douze millions d'habitants dans les mains de ces deux puis-
« sances (Autriche et Prusse), dont nous nous soucions également.
« *Si le corps germanique n'existait pas, il faudrait le créer tout*
« *exprès pour nos convenances.* »

« Cette opinion n'a pas été, comme on pourrait le croire, un accident dans les conceptions politiques de Napoléon Ier; il y revient, sous une forme plus générale, dans le passage suivant de ses Mémoires : « Il aurait été plus utile à la France que l'Allema« gne, outre l'Autriche et la Prusse, eût été partagée en trois « autres monarchies, assez puissantes pour défendre leur neutra« lité et contenir l'ambition de l'Autriche, de la Prusse et de la « France même. »

« Que conclure de ces citations, si ce n'est que, dans l'opinion de Napoléon Ier, la possession de la Belgique et des provinces rhénanes serait une compensation insuffisante du dommage résultant, pour la France, du partage de toute l'Allemagne entre l'Autriche et la Prusse? Or, que penserait-il en voyant l'Allemagne entière aux mains de la Prusse accrue de la Hollande, et débarrassée de la rivalité de l'Autriche, en face de la France agrandie seulement de la Belgique? »

XV

Extrait de l'*Émancipation*, du 9 février 1871 (*Rome et l'Italie*) :

« On se rappelle la triste campagne diplomatique et parlementaire que le cabinet des Tuileries fit à l'occasion de la question de Rome, en 1867, et ses inexplicables tergiversations.

« Le document que nous publions ci-dessous montre que M. Drouyn de Lhuys, dès le 6 août 1867, avait vu et signalé les embarras et les périls, dans lesquels s'engageait une politique sans résolution comme sans franchise. »

NOTE REMISE A L'EMPEREUR NAPOLÉON III, PAR M. DROUYN DE LHUYS, LE 6 AOUT 1867.

« Il ne faut pas fermer les yeux sur la situation des États Romains. Leur sécurité n'est que précaire ; en Italie, le parti d'action doit, en ce moment plus que jamais, songer à quelque entreprise contre Rome. En voici les raisons :

« Avant quinze mois, un Concile œcuménique appellera dans la Ville Éternelle 5 à 600 évèques, venant des divers points du monde. Les Italiens comprennent qu'à cette époque ils ne pourraient pas faire à Rome un coup de main, sans surexciter contre eux les catholiques de tous les pays. Il faut donc agir auparavant.

« M. Rattazzi s'appuie sur la gauche ; il ne lui sera pas possible de résister indéfiniment à l'une des plus violentes aspirations de ce parti.

« Garibaldi est vieux ; il doit vouloir, à tout prix, finir par quelque chose d'éclatant.

« Le recrutement de la légion pontificale se fait difficilement ; il faut profiter de cette circonstance.

« La France, frappée au Mexique et en Allemagne, obligée de faire face, de ces deux côtés, à des éventualités menaçantes, n'aura pas les mains assez libres pour réprimer une agression contre Rome. Elle est sans alliées : osera-t-elle se brouiller avec l'Italie, et risquer ainsi de la rejeter dans les bras de la Prusse ? L'Empereur n'a-t-il pas plus d'indulgence que jamais pour des velléités qu'il eût été facile d'arrêter, au début, par une parole nette et une action ferme ?

« Nous savons que M. Rattazzi déclare hautement que le cabinet de Florence a la volonté et les moyens de s'opposer à toute tentative d'invasion du territoire pontifical. Mais nous devons avouer que ces assurances ne nous inspirent pas une confiance absolue.

« Nous croyons donc qu'il arrivera ceci :

« Le gouvernement italien répétera sa promesse d'exécuter énergiquement la convention du 15 septembre. Il continuera à poursuivre les bandes ; peut-être même renouvellera-t-il *un petit Aspromonte*. Puis il dira : « Ces expéditions m'épuisent. Je ne puis garder « efficacement le territoire du Pape, qu'à la condition de laisser « mes soldats opérer au-delà, comme en deçà, de la frontière. » Nous le renverrons au Saint-Père ; le Saint-Père refusera. L'Italie, en protestant de ses bonnes intentions, prendra acte et déclarera qu'elle ne peut répondre de rien. Si alors une insurrection spontanée ou excitée par des bandes du dehors éclate sur le territoire romain, que fera l'Empereur ?

« Autorisera-t-il l'armée italienne à entrer et à garder ellemême le Pape ? On dira : « C'était un jeu convenu. Le but du « pacte du 15 septembre était de livrer le Pape à l'Italie. » L'Italie, en effet, accomplira son œuvre contre le pouvoir temporel, quand elle aura mis le pied sur le sol romain.

« L'Empereur maintiendra-t-il l'interdiction ? Mais alors, s'il n'envoie pas une armée pour sauver le Pape, il assumera la responsabilité de la chute d'un pouvoir qu'il n'aura ni défendu ni laissé défendre. La fureur des partis se déchaînera et s'écriera :

« Après avoir abandonné Maximilien aux satellites de Juarez, on
« livre le Pape aux séides de Mazzini. »

« Tout est difficile, mais cela est impossible. »

XVI

Extrait d'une correspondance particulière de l'*Indépendance belge*, datée de Londres, le 29 janvier 1871
(*Question d'Orient*) :

« Au moment où allaient s'ouvrir les délibérations de la Conférence de Londres, la *Revue d'Edimbourg* a publié un article fort
intéressant sur les traités de 1856. Je crois utile d'en donner un
résumé à vos lecteurs, et j'y ajouterai quelques renseignements
nouveaux, que j'ai été à même de puiser à bonne source.

« Le premier document, dit la *Revue*, qui ait fait mention de la
limitation des forces navales de la Russie dans la mer Noire, est
une dépêche de M. Drouyn de Lhuys au ministre de France à
Vienne, sous la date du 23 juillet 1854. Après avoir établi que la
position privilégiée de la Russie lui donne la facilité de créer des
établissements sur les côtes de la mer Noire, et de développer, dans
ses eaux, une puissance maritime qui, en l'absence de toute force
pouvant y faire contre-poids, constitue une menace permanente
contre l'Empire ottoman, le ministre des affaires étrangères de
France indique les quatre conditions que les alliés sont résolus à
obtenir de la Russie. Voici quelle était la troisième :

« Le traité du 13 juillet 1841 (connu sous le nom de Traité des
« détroits) sera révisé par les Hautes Parties contractantes, dans
« l'intérêt de l'équilibre européen, et en vue de limiter la puissance
« russe sur la mer Noire. »

« Ce qu'il y a de remarquable, ajoute le rédacteur de la *Revue
d'Édimbourg*, c'est que cette dépêche était écrite quelque temps
avant le départ pour la Crimée des flottes et des armées alliées.
Pendant tout le cours de la guerre et des négociations qui la sui-
virent, ces quatre conditions ont été maintenues constamment. Les
puissances occidentales ne demandèrent rien de plus et ne voulu-
rent rien accepter de moins. Elles furent comprises dans le traité
de paix, et leur acceptation marqua l'heureuse issue de la guerre.

« L'écrivain anglais se trompe sur l'époque précise où fut pro-
duite, pour la première fois, l'idée des quatre garanties. Je puis, à
cet égard, rectifier et compléter son récit par des détails peu con-
nus jusqu'à ce jour, et dont on rencontre la trace dans les documents diplomatiques publiés en 1855 par la chancellerie de Vienne,
après la clôture de la conférence.

« Au moment de la déclaration de guerre, avant l'ouverture des
hostilités, dont le premier théâtre, on se le rappelle, ne fut pas la
Crimée, le baron de Hübner, ministre d'Autriche, dans un entretien avec M. Drouyn de Lhuys, lui demanda quels étaient les
buts de la guerre, et quelles seraient les conditions de la paix.
« Votre question est un peu prématurée, répondit le ministre fran-
« çais; vous voulez que j'improvise un traité de paix avant que
« nos armées aient livré une bataille. Cependant je vous expri-
« merai mon opinion personnelle, sans engager en quoi que ce
« soit les résolutions de mon gouvernement. Le droit et le devoir
« des puissances alliées est, suivant moi, d'enlever à la Russie

« toutes les choses dont elle a abusé pour menacer l'existence de
« l'Empire ottoman et la paix de l'Europe.

« Elle a abusé de son protectorat des chrétiens sujets de la Porte,
« pour s'immiscer dans les affaires intérieures de la Turquie : j'y
« substituerais le protectorat collectif des grandes puissances eu-
« ropéennes.

« Elle a abusé de son droit particulier de protection dans les
« principautés moldo-valaques, en les occupant toutes les fois que
« ses convenances le demandaient : je placerais ce pays sous le
« protectorat collectif de ces mêmes puissances.

« Elle a abusé de la possession de Sébastopol, en faisant de ce
« port un engin de guerre toujours dressé contre la Turquie : j'ô-
« terais à cette ville le caractère d'arsenal maritime.

« Elle a abusé de sa prépondérance dans la mer Noire, pour
« tenir Constantinople en échec, et brûler la flotte turque à Sinope :
« je limiterais ses forces navales dans cette mer.

« Telles sont, à mon sens, les garanties qu'on devrait exiger du
« cabinet de Saint-Pétersbourg, si le succès couronne nos armes.
« Il sera également utile d'assurer la libre navigation du Danube
« contre les entreprises éventuelles de la Russie. »

« M. le baron de Hübner s'empressa d'informer confidentiellement sa Cour de cette conversation, et, douze jours après, une
lettre du comte Buol lui annonçait la complète adhésion du cabinet de Vienne.

« Les quatre points proposés par la France et adoptés par l'Angleterre furent officiellement communiqués à l'Autriche et ac-
ceptés par elle, comme conditions préalables et nécessaires de
toute négociation. La Prusse y donna son assentiment et les puissances neutres les notifièrent au cabinet de Saint-Pétersbourg.

« Dans le mémorandum du 28 décembre 1854, qui fut la base de la conférence de Vienne, le troisième point est formulé dans les termes suivants :

« 3° La révision du traité du 13 juillet 1841 devra avoir pour « objet de relier d'une manière plus complète l'existence de l'Em- « pire ottoman à l'équilibre européen, et de mettre fin à la pré- « pondérance de la Russie dans la mer Noire. Quant aux arran- « gements qui seront pris à cet effet, ils dépendent trop directement « des événements de la guerre, pour qu'il soit possible, dès à pré- « sent, d'en déterminer les bases ; il suffit de poser le principe. »

« La conférence de Vienne s'ouvrit le 15 mars 1855. Lord John Russell et M. Drouyn de Lhuys y représentaient l'Angleterre et la France. C'était à l'époque du siége de Sébastopol. Ces deux ministres soutinrent énergiquement le principe de la limitation des forces maritimes de la Russie. L'Autriche proposait une sorte d'*équilibre naval*, devant résulter de l'engagement que prendrait chacune des deux puissances riveraines, la Russie et la Porte, de n'entretenir dans ces eaux qu'un certain nombre de navires.

« Quoique le cabinet de Saint-Pétersbourg, en acceptant comme base de la négociation le mémorandum du 28 décembre, eût im- plicitement admis le principe consacré par le troisième point, le prince de Gortchakoff se refusa à toute mesure ayant pour but de restreindre les forces navales de la Russie dans la mer Noire. Ce refus mit fin à la conférence.

« Ici, je remarque, dans le résumé de la *Revue d'Édimbourg*, une lacune que je suis en mesure de combler par des renseigne- ments dont je garantis l'exactitude.

« Lorsque le moment fut venu d'organiser d'une manière pra- tique les moyens de mettre un terme à la prépondérance de la

Russie dans la mer Noire, M. Drouyn de Lhuys imagina une combinaison qui fut désignée par le mot de NEUTRALISATION. Les armements de Sébastopol et le développement de la marine militaire d'un puissant voisin n'étaient-ils pas, disait-il, la principale cause des dangers permanents auxquels se trouvait exposé l'Empire ottoman? Pour diminuer, dans ces parages, les chances de guerre, si redoutables pour la paix du monde, la mesure la plus efficace et la plus radicale ne serait-elle pas de supprimer, en partie, les instruments mêmes de la guerre? Pourquoi ne pourrait-on pas *neutraliser* une mer aussi bien qu'un territoire? Cette condition imposée aux deux puissances riveraines n'aurait rien de blessant pour la dignité de chacune d'elles : un pareil état de choses ne pourrait qu'être favorable au maintien de la paix et ux intérêts du commerce. Le ministre des affaires étrangères de France donna à cette pensée la forme de stipulations diplomatiques et la soumit à Napoléon III, qui l'approuva. M. Drouyn de Lhuys se rendit immédiatement à Londres, pour proposer ce projet au cabinet britannique, et, après avoir obtenu l'adhésion du gouvernement anglais, partit sur-le-champ pour la conférence de Vienne. Il avait été convenu que les plénipotentiaires d'Angleterre et de France s'efforceraient de faire prévaloir le système de la *neutralisation*, et que, dans le cas où ils n'y parviendraient pas, ils demanderaient la réduction des forces navales de la Russie, dans une mesure déterminée.

« Malgré les instances des plénipotiaires de la France, de la Grande-Bretagne et de la Turquie, appuyant sur les avantages que présenterait, spécialement pour l'Autriche, le système de la *neutralisation*, M. le comte de Buol refusa de l'appuyer, et y substitua, comme on l'a vu, celui d'une limitation des forces navales des deux puissances riveraines. La délibération dut s'arrêter devant la résistance absolue du prince Gortchakoff.

« Les gouvernements de France et d'Angleterre se trouvaient donc placés dans l'alternative de s'entendre, avec l'Autriche, sur un système de *limitation* que le cabinet de Vienne eût proposé à Saint-Pétesbourg, en déclarant qu'il considérerait comme un cas de guerre le rejet de cette proposition par la Russie, ou bien de maintenir dans toute sa rigueur le principe de la *neutralisation*, en continuant la guerre sans le concours de l'Autriche.

« M. Drouyn de Lhuys et lord Russell préférèrent le premier de ces deux termes. Revenus dans leurs pays, ils recommandèrent à leurs gouvernements respectifs, en vue du présent et surtout de l'avenir, la combinaison qui offrait l'avantage de l'alliance active de l'Autriche. Les membres du cabinet britannique étaient divisés sur cette question.

« Napoléon III avait d'abord autorisé son ministre à donner à l'ambassadeur de France en Angleterre des instructions pour appuyer la proposition autrichienne. Puis, mu par des raisons que je ne rechercherai pas ici, il changea d'opinion et déclara à lord Cowley qu'il se rangeait à l'avis de ceux qui voulaient la rupture des négociations.

« C'est alors que M. Drouyn de Lhuys, quoique libre de tout engagement avec l'Autriche, crut devoir se retirer du ministère, parce que les dernières démarches qu'il avait faites à Londres, avec l'approbation impériale, avaient été ultérieurement désavouées par son souverain.

« En septembre 1855, Sébastopol tomba au pouvoir des alliés. L'Autriche offrit ses bons offices pour le rétablissement de la paix.

« Le 1er février 1856, la Russie, par un protocole signé à Vienne

accepta les préliminaires de paix conformes aux bases primitive-
ment posées, d'une manière officielle, dans la dépêche du 23 juillet
1854. Des négociations s'ouvrirent à Paris le 25 février. Le 4 mars,
le troisième point fut discuté, et on arrêta la rédaction suivante
qui se trouve reproduite dans le traité général, et consacre le principe de la *neutralisation*, dont nous avons fait connaître l'origine.

« La mer Noire est neutralisée ; ses eaux et ses ports ouverts à
« la marine marchande de toutes les nations sont formellement et
« perpétuellement interdits au pavillon de guerre, soit des puis-
« sances riveraines, soit des autres puissances...

« La mer Noire étant déclarée neutre, le maintien ou l'éta-
« blissement sur ses côtes de forteresses militaires maritimes
« deviennent inutiles et sans objet. En conséquence, S. M. l'em-
« pereur de Russie et S. M. le sultan s'engagent à n'établir ni
« conserver sur cette côte aucun arsenal militaire maritime. »

« Le jour de la signature du traité général, fut conclue, entre
la Russie et la Porte, une convention limitant leurs forces navales
respectives, dans la mer Noire, à six navires à vapeur de 50 mètres
de longueur, et à quatre navires à voiles, chacun n'excédant pas
200 tonnes. Ces clauses furent annexées et incorporées dans le
traité définitif du 30 mars 1856, dont l'art. 14 stipule expressément que la convention relative aux forces navales ne pourrait
être annulée ni modifiée, si ce n'est avec le consentement de toutes
les parties signataires du traité général.

« Le 15 avril, l'Angleterre, la France et l'Autriche s'engagèrent,
par un traité séparé, à garantir solidairement l'indépendance et
l'intégrité de la Turquie, à considérer comme un *casus belli* toute
infraction aux stipulations du traité du 30 mars. »

XVII

Extrait du *Morning-Post*, 1871 (*Affaires d'Orient ; Chemins de fer russes*) :

« Le cabinet des Tuileries se faisait d'étranges illusions sur le caractère de ses relations avec la Cour de Russie, en 1869. On annonçait comme certain le succès de négociations ouvertes, à Saint-Pétersbourg, pour former une alliance entre les deux États.

« Un ancien ministre des affaires étrangères, M. Drouyn de Lhuys, désireux de se rendre compte des projets de la Russie, chercha à les découvrir, en étudiant la direction des chemins de fer de cet empire, et, le 1er mars 1869, il envoya à Napoléon III, avec une carte à l'appui, une note sous le titre de : *Combinaison des réseaux de chemins de fer russes et prussiens, au point de vue des affaires d'Orient et d'une guerre avec l'Autriche.* Voici cette note :

« RAPPORT DE M. DROUYN DE LHUYS A L'EMPEREUR DES FRANÇAIS.

« 1er mars 1869.

« La carte ci-jointe donne une esquisse du réseau de chemins de fer projeté dans les Principautés, et dont l'exécution même est déjà commencée. Les lignes A et B sont concédées au docteur Stronsberg, de Berlin. Pour la ligne A, cet entrepreneur a trouvé, cet été, à Bucharest, des plans, devis et profils tout prêts, provenant d'un projet antérieur et faits par Salamanca ; quelques travaux de nivellement et de tranchées avaient même été mis en train, entre Galatz et Tekutch.

« Si l'on jette un coup d'œil sur cette carte qui indique comment, dans le délai le plus court possible, doit être relié à Galatz le tronçon existant déjà de Cracovie à Czernowitch, on ne peut manquer d'être frappé par l'importance stratégique de cette voie ferrée. Contournant les Karpathes, et mettant en communication rapide et sûre la Prusse avec les Principautés, elle peut devenir une redoutable base d'opérations pour des armées russo-prussiennes. Dans le cas où, à la suite d'un conflit européen, ces deux puissances (après avoir occupé la Gallicie) combineraient leurs attaques contre la monarchie austro-hongroise, la ligne de défense naturelle des Karpathes tomberait d'elle-même. La Hongrie pourrait alors être prise à revers par deux armées, dont les communications seraient assurées et qui déboucheraient, l'une par la Prusse, l'autre par les confins militaires. La ligne de Czernowitch à Galatz serait la plus nécessaire à l'exécution de ce plan. Aussi en active-t-on beaucoup l'achèvement. Cette ligne descend la vallée de la Séreth, chemin naturel qu'ont presque toujours suivi, jusqu'ici, les corps d'armée dirigés par la Russie vers le Danube, lorsqu'elle a voulu intervenir activement dans les affaires de la Turquie.

« Interrompus pendant l'hiver, les travaux doivent reprendre avec une extrême énergie, dès que la saison le permettra. L'attitude pacifique de la Prusse et de la Russie dans les derniers événements de la Roumanie ne pourrait-elle pas s'expliquer, en partie, par l'état inachevé de ces voies de communication, destinées à assurer le succès des combinaisons militaires auxquelles ferait croire, — dans le cas d'une guerre européenne, — la similitude de vues et de tendances manifestée, en Orient, par les cabinets de Berlin et de Pétersbourg ? »

APPENDICE

—

A l'époque de la bataille de Sadowa, en 1866, lorsque la Prusse avait contre elle l'Autriche et la majeure partie de l'Allemagne, que ses troupes étaient engagées dans la Saxe et dans la Bohême et que les Provinces rhénanes se trouvaient presque complétement dégarnies, M. Drouyn de Lhuys conseilla à l'Empereur d'arrêter, par une démonstration militaire et par une médiation armée, les conquêtes de cette puissance.

Ce conseil, d'abord accueilli, fut ensuite rejeté, et l'on substitua à cette politique celle qui fut exposée dans la circulaire signée par M. le marquis de La Valette.

La raison qu'on allégua alors, et qui, depuis, a été souvent reproduite, c'est que M. le maréchal Randon, ministre de la guerre, avait formellement déclaré à Napoléon III que « nous n'étions pas prêts. »

Pour faire connaître l'opinion qu'avait, à cet égard, M. le maréchal Randon, nous plaçons sous les yeux de nos lecteurs le Mémoire suivant, qu'il rédigea au mois d'avril 1867, et dont nous avons entre les mains un exemplaire lithographié :

DE LA SITUATION DE L'ARMÉE FRANÇAISE, EN 1866.

« Quand l'horizon politique est serein, que rien ne paraît devoir le troubler, on reproche à l'armée les sacrifices qu'elle impose au trésor, on les classe au nombre des dépenses improductives ; chaque chiffre de son budget est rigoureusement discuté, les crédits les plus indispensables pour ses approvisionnements et pour les remontes sont mesurés avec parcimonie.

« Mais qu'un nuage apparaisse, grandisse et semble le précurseur de l'orage, la scène change brusquement. Ceux-là mêmes qui ne voyaient dans l'armée qu'une charge excessive pour la fortune publique, sont les premiers à tourner vers elle des regards inquiets, à chercher à se rendre compte de sa valeur réelle, et placent sous sa sauvegarde l'honneur et le salut du pays.

« Si, pendant la paix, l'organisation méthodique de l'armée n'avait pas été maintenue à un degré suffisant de puissance, qu'arriverait-il alors ?

« Sans aucun doute, la nation trouverait toujours dans son patriotisme l'élan nécessaire pour repousser une invasion ; mais si l'armée régulière n'était pas fortement constituée, et capable de faire face à tout danger venant du dehors, de quel poids pèserait, dans la balance de l'Europe, une nation qui n'aurait à y jeter que des arguments diplomatiques, sans pouvoir, comme de raison, y apporter l'appoint de son épée?

« L'intégrité du territoire resterait sauve, que l'influence nationale ne le serait pas.

« Aussi la plus vive préoccupation du chef de l'armée a-t-elle toujours été de maintenir notre état militaire à la hauteur de sa mission.

« Est-ce à dire que l'armée doit être constamment prête à se lancer inopinément dans une lutte européenne? Lorsque les conflits extérieurs et les mécomptes imprévus de la diplomatie amènent des crises qui déjouent tous les calculs de la politique, serait-il juste, serait-il sensé de demander à une armée, sur le pied de paix, une action immédiate qui la rende responsable des destinées du pays? Et pourtant, ne voyons-nous pas les hommes les plus compétents, quelquefois même ceux qui participent à la direction des affaires de l'État, s'écrier : « Nous n'avons pas pu mieux faire ; » nous n'étions pas prêts! » Excuse bien facile, que le public accepte sans la vérifier ; explication qui répand la tristesse et l'effroi chez les amis du gouvernement, et encourage ses adversaires.

« Si la paix de Villafranc a amis fin soudainement à la guerre de 1859, c'est que nous n'étions pas en mesure, a-t-on dit, ou de continuer la campagne d'Italie, ou de faire face à la lutte qui pouvait se produire sur le Rhin.

« Quand la guerre entre l'Autriche et la Prusse a éclaté, nous n'étions pas prêts pour y prendre une part au moins comminatoire.

« Aujourd'hui que la Prusse, fidèle aux instincts de son ambition envahissante, devient menaçante, nous ne sommes pas prêts pour lui rappeler que, depuis Iéna, nous n'avons pas eu à nous mesurer seuls à seuls avec elle.

« Nous ne sommes pas prêts! si cela veut dire que, du jour au lendemain, nous ne pouvons pas jeter instantanément à la frontière une armée de 400,000 combattants, approvisionnés de toutes choses, et en mesure de s'engager dans une grande guerre avec toute chance de succès, assurément nous ne sommes pas prêts pour faire face à de telles nécessités.

« Pour de pareilles entreprises, il faut des effectifs, des réserves, des approvisionnements énormes; quelle est la nation qui, en état de paix, pourrait affronter de si terribles hasards?

« Non, un pareil déploiement de forces n'est pas possible, ou bien, pour y arriver, il faudrait un pied de paix formidable que, dans aucun pays, les limites du budget ne sauraient comporter. Tous les hommes qui ont présidé, jusqu'à présent, en France, aux destinées de l'armée, se sont bornés à une situation plus restreinte, plus en rapport avec les ressources financières, mais présentant la possibilité de la prompte mobilisation des forces militaires du pays.

« Ces forces étaient prêtes en 1859, car les cadres contenaient 600,000 hommes, dont 200,000 seulement avaient passé les Alpes. Il eût été assurément possible de constituer une nouvelle armée, si une sage modération n'avait arrêté une guerre qui ne pouvait plus amener des avantages proportionnés aux sacrifices.

« Nous étions prêts en 1866, car un rapport du ministre de la guerre établissait que, par l'appel de la réserve, on pouvait réunir, en un mois, sous les drapeaux, 450,000 hommes, défalcation faite des armées d'Afrique, du Mexique et de Rome. Ici encore, ce sont des considérations politiques qui ont empêché la guerre.

« Le même état militaire existait en janvier dernier; il était augmenté des troupes rentrées de Rome et devait prochainement s'accroître de celles qui étaient en route, revenant du Mexique. Notre effectif était donc au complet normal, et, dans cette circonstance, le gouvernement a donné une nouvelle preuve de modération, en préférant, aux chances d'une guerre qui ne pouvait manquer d'être sérieuse, une intervention des puissances pour amener une solution pacifique. Mais la question de l'effectif d'une armée n'est pas la seule condition qui intéresse sa valeur réelle.

« La constitution des cadres ;

« Les ressources en approvisionnements de toute espèce, que doivent renfermer les magasins et les arsenaux ;

« Enfin, l'armement des troupes, forment autant de conditions essentielles pour préparer des succès à la guerre.

« I. — CONSTITUTION DES CADRES.

« Pour la constitution des cadres on pose comme axiome : que la bonne organisation d'une armée consiste à présenter des cadres qui permettent de passer immédiatement du pied de paix au pied de guerre ; cela est exact dans une certaine mesure et pour un certain effectif, mais il en est autrement, si l'on veut atteindre des chiffres hors de proportion avec l'état normal, l'état de paix.

« Ainsi, une armée de 300,000 hommes, déduction faite des

non-valeurs, peut bien être portée à 500,000, sans augmentation sensible dans ses cadres; mais on ne saurait, sans danger, dépasser ce chiffre, parce qu'alors les unités tactiques, telles que la compagnie, l'escadron, la batterie, présentent de sérieuses difficultés au point de vue de l'administration et de l'exercice du commandement. Qu'au début d'une campagne, la compagnie soit portée à 150 hommes, l'escadron à 160 chevaux et 200 cavaliers, la batterie à 250 hommes, la composition des cadres peut s'y prêter, mais il y aurait de graves inconvénients à aller au-delà.

« Or, avec nos cadres actuels de 22 compaguies par régiment d'infanterie, de 5 ou 6 escadrons (suivant l'arme) par régiment de cavalerie, et de 7 à 12 batteries (suivant la destination) par régiment d'artillerie, et en élevant les effectifs aux chiffres ci-dessus indiqués, nous atteignons les 500,000 combattants dont il a été fait mention; si l'on ajoute à ce chiffre celui des non-valeurs organiques et des cadres des dépôts, qui doivent être en permanence dans l'intérieur, on retrouve cet effectif général de 620,000 hommes, qui représente notre état militaire actuel.

« Ce raisonnement ne s'applique qu'à cet ordre d'idées. Si nous admettons les effectifs éventuels de 800,000 hommes, alors il faut aborder la double question de l'augmentation du nombre des cadres et de l'augmentation du nombre des régiments, nous entrons dans une autre voie qui réclame une mûre réflexion, car toutes les fois qu'une mesure de ce genre est adoptée, il faut se reporter par la pensée au moment où il faudra revenir à l'état normal, c'est-à-dire supprimer ce qui aura été créé pour des circonstances transitoires. Les formations nouvelles doivent être opérées avec une grande circonspection, afin de n'avoir pas un jour, demain peut-être, à détruire ce qui vient d'être fait, et à produire ainsi dans l'armée, en arrêtant l'avancement, un mécontentement bien plus grand et plus durable que la satisfaction momentanée causée par le brusque épuisement des tableaux d'avancement. Les exemples du passé sont là, et il est prudent d'en tenir compte.

« En résumé, on peut admettre qu'une bonne organisation d'armée est celle qui comporte des cadres pouvant recevoir, en cas de guerre, le double de l'effectif en soldats du pied de paix. Au-delà de cette proportion, le commandement, l'administration s'exercent avec une grande difficulté.

« Si, au contraire, en vue d'un accroissement d'effectif porté à ses dernières limites, on veut constituer par avance des cadres en rapport avec cet effectif extrême, alors, tant que dure la paix, l'armée est comme encombrée d'officiers et de sous-officiers, pour ainsi dire sans emploi utile ; l'instruction, faute de pouvoir s'exercer, se perd, le désœuvrement prend le dessus, l'esprit militaire s'affaiblit, et enfin le recrutement des cadres périclite, faute de candidats à présenter, et le trésor a des charges énormes à supporter.

« J'ajouterai que, dans la supposition où l'appel sous les drapeaux de l'intégralité des hommes liés au service deviendrait une nécessité, il conviendrait, dans tous les cas, avant de créer des cadres nouveaux, de commencer par remplir ceux qui existent ; cela paraît rationnel, et permet de procéder avec plus de discernement à la formation toujours si délicate de nouveaux cadres.

« Ceux que nous possédons suffisent, comme il a été dit au commencement, à l'appel sous les drapeaux de l'effectif total dont nous pouvons disposer, d'après les votes des derniers contingents aunuels. Sur ce premier point, l'armée était donc toujours en état complet de préparation. En était-il de même pour les approvisionnements?

« II. — APPROVISIONNEMENTS.

« Sans doute les magasins doivent être largement approvisionnés en effets de tous genres, qui doivent servir à l'habillement des troupes, à leur équipement, aux ambulances et autres objets dépendant du service administratif.

« Ces approvisionnements sont limités par les crédits législatifs qui, chaque année, expliquent dans quelle mesure on peut y pourvoir.

« En ce qui concerne les points essentiels de l'habillement et de la chaussure, il est une considération qu'il importe de faire valoir.

« Les circonstances critiques dans lesquelles, au moment de la guerre d'Italie, s'est trouvée l'administration de la guerre pour assurer le service de l'habillement, déterminèrent le ministre de la guerre à favoriser l'établissement de grands ateliers, dans lesquels les agents mécaniques, remplaçant en grande partie la main-d'œuvre dans la fabrication des effets d'habillement et de la chaussure, donneraient une activité telle aux confections, que toute préoccupation dans le passage redoutable pour l'administration du pied de paix au pied de guerre disparaîtrait, ou tout au moins s'amoindrirait considérablement.

« Les ateliers Godillot, par leur puissante organisation, ont, en effet, résolu ce problème, puisqu'ils peuvent produire 4,000 paires de souliers par jour, et confectionner 50,000 habillements ou équipements par mois.

« Il suffit de rappeler qu'au début de la guerre d'Italie, un appel fait dans tous les départements à l'industrie privée ne put arriver, dans l'espace de deux mois, qu'à des versements de dix mille paires de souliers dans les magasins. Des difficultés analogues se présentèrent pour la confection d'habillements.

« D'après les explications qui viennent d'être données, on voit clairement quelles ressources pour les approvisionnements en habillements et chaussures de l'armée présentent les ateliers Godillot et la part qu'ils doivent prendre dans les dispositions préventives de l'administration.

« Et cependant au moment où les bruits d'une guerre avec la Prusse prenaient de la consistance, des rumeurs se répandaient dans le public au sujet de la situation insuffisante de nos approvisionnements; on disait, en outre, que nos arsenaux avaient été singulièrement appauvris pour subvenir aux besoins de l'expédition du Mexique.

« Ces faux bruits, propagés par la malveillance et accueillis avec légèreté, ont pris assez d'importance pour agiter l'opinion publique, et faire planer sur l'administration de la guerre un soupçon d'incurie ou de négligence.

« Il est bien vrai que les approvisionnements en drap qui, au moment de la guerre d'Italie, avaient reçu un grand développement, avaient, depuis 1860, éprouvé de notables diminutions, par le fait de la réduction annuelle des crédits budgétaires.

« Toutefois le vide dans nos magasins était loin de s'être produit, ainsi qu'on s'est plu à le dire, et les situations suivantes, relevées à la date du 1er juillet 1866 et du 1er janvier 1867, en sont la preuve évidente :

« *Situation des magasins au* 1er *juillet* 1866.

Des draps et toiles de quoi confec-
tionner. . . . .   500,000 habillements
Habits . . . .   110,000 confectionnés
Capotes   95,000   id.
Pantalons.   143,000   id.
Schakos.   269,000   id.
Souliers (paires).   476,000   id.

« L'administration de la guerre, en prévision des événements qui pouvaient se produire, et afin d'être en mesure de répondre, suivant les circonstances, aux besoins des troupes, fit des commandes supplémentaires en draps et en souliers, dans le courant du mois de juillet, qui élevèrent à dix millions le chiffre des crédits à imputer sur les exercices 1866 et 1867.

« Au moyen de ces commandes, la situation des magasins devait présenter, au mois de janvier, les chiffres suivants :

Draps et toiles. . . . .   546,000 habillements
Habits. . . . .   200,000 confectionnés
Capotes   145,000   id.
Pantalons   143,000   id.
Schakos.   335,000   id.
Souliers (paires).   683,493   id.

« Le ministre ne se borna pas, dans la demande de crédits extraordinaires, à ce qui concernait l'habillement des troupes ; il voulut aussi pourvoir au complément du matériel des ambu-

lances, et enfin à l'achat de 1,500 à 2,000 chevaux particulièrement destinés à l'attelage de l'artillerie : ce ne pouvait être qu'un
à-compte pour le service de la remonte qui, en cas de guerre,
aurait eu à fournir huit mille chevaux à la cavalerie et près du
double aux trains d'artillerie et des équipages.

« L'importance des commandes diverses faites par l'initiative du
ministre de la guerre a été de 13 millions.

« Telle était la situation générale des approvisionnements de la
guerre, en magasin ou en cours de livraison, à la fin de l'année
1866.

« Cette situation prouve que dans les limites de l'effectif, admis
à cette époque, nous étions en mesure de faire face à tous les
besoins, et elle suffirait seule à répondre à cette allégation, si
souvent répétée, que l'expédition du Mexique avait épuisé, ou
tout au moins compromis, les approvisionnements de nos arsenaux et de nos magasins.

« Cette dernière critique, quoique sans fondement, a fait une
vive impression dans le public ; il n'est donc pas hors de propos
d'y répondre catégoriquement.

« Parlons d'abord de nos arsenaux, nous aborderons ensuite la
question des magasins.

« Au point de vue des envois faits par l'administration, il faut
distinguer, dans l'expédition du Mexique, trois phases bien distinctes.

« La première commence à la fin de 1861, au départ du premier
contingent débarqué à Vera-Cruz, le 9 janvier 1862 (1). Son

(1) Les Espagnols avaient pris possession de la Vera-Cruz le 17 décembre
1861.

effectif était de 3,310 hommes, dont 2,686 fournis par le département de la marine, et 624 seulement appartenant à l'armée de terre.

« Ce premier détachement était, comme on le sait, destiné à opérer conjointement avec les troupes espagnoles, mais, par suite de circonstances qu'il est inutile de rappeler ici, il dut bientôt agir seul et reçut, en conséquence, un renfort de 4,573 hommes, qui furent placés sous le commandement du général de Lorencez, et débarquèrent à Vera-Cruz, du 23 au 28 mars 1862.

« Dans cette seconde phase, se placent la marche d'Orizaba sur Puebla (27 avril), l'attaque infructueuse de cette dernière ville (5 mai), et enfin le retour du petit corps à Orizaba.

« Ce fut alors que commença la troisième phase et que, pour faire face aux circonstances, les envois de France durent revêtir un caractère plus sérieux. Le général Forey partit pour le Mexique avec 22,320 hommes. Ces troupes, qui débarquèrent à Vera-Cruz, du 23 août au 5 novembre, avaient reçu une organisation plus solide et plus complète; les éventualités d'un siége, pour s'emparer de Puebla, avaient été prévues, et le matériel d'artillerie préparé en conséquence. Ce matériel, en y comprenant celui attaché à la division Lorencez, était composé de 8 batteries ou 48 pièces, savoir : 4 batteries de 4 de campagne, 1 batterie de montagne, 1 batterie de 12 de campagne et 2 batteries de 12 de siége. En comptant les envois de munitions déjà faits précédemment, on pouvait calculer que ces bouches à feu avaient été approvisionnées en moyenne à 623 coups par pièce; les munitions d'infanterie formaient un total général de 12,882,716 cartouches, qui durent servir, non-seulement à approvisionner nos soldats, mais encore les troupes mexicaines, quand elles opérèrent avec nous, et, plus tard, les auxiliaires belges et autrichiens.

« C'est avec ces approvisionnements, soit d'artillerie, soit d'infanterie, que furent conduites les deux attaques contre Puebla (la seconde ayant pris les proportions d'un siége en règle), que l'expédition d'Oajaca fut entreprise, et, enfin, que tant de combats furent livrés sur tous les points de ce vaste échiquier, où se déroulèrent pendant quatre années les opérations de l'armée du Mexique.

« A partir de 1863, les envois de munitions cessèrent, et au mois de mars 1864, le maréchal commandant le corps expéditionnaire écrivait au ministre de la guerre que les approvisionnements qui existaient dans les magasins paraissaient suffisants, et qu'il n'y avait pas lieu d'en expédier de France. Le maréchal joignait à sa dépêche le tableau de la situation de ces approvisionnements, d'après lequel il existait au Mexique 11,803,649 cartouches en tout genre.

« Cet exemple suffit pour se rendre compte de la consommation de munitions faite au Mexique, en comparant les quantités expédiées avec les quantités restantes.

« Si maintenant on veut bien rapprocher le chiffre des approvisionnements et du matériel de toute sorte que le service de l'artillerie a envoyés au Mexique de celui existant dans les arsenaux, on reconnaîtra que ces envois, en considérant surtout qu'ils sont échelonnés sur quatre années, représentent des quantités sans importance, comparées à la situation de nos arsenaux (1).

____

(1) « D'un autre côté, si l'on vient à réfléchir que ce même effectif de l'armée du Mexique, s'il fût resté en France, eût dépensé en exercices à feu un chiffre de munitions au moins égal à celui qu'il a consommé en guerre, on comprendra que ce prétendu épuisement est une fable dont l'invention ne peut être attribuée qu'à une complète ignorance de notre mécanisme militaire et administratif. »

« Il faut ajouter qu'il a été également délivré au gouvernement mexicain un certain nombre de fusils ancien modèle, et de 30 à 40,000 kilos de poudre ; mais ces fusils et cette poudre ont dû être remboursés au trésor français, où ils doivent figurer dans la dette du Mexique envers la France.

« Reste la question d'épuisement de nos magasins d'habillement.

« Rappelons d'abord que le corps expéditionnaire du Mexique était compris dans l'effectif de l'armée, c'est-à-dire dans les 400,000 hommes qui figurent annuellement au budget. Il suit de là que les dépenses générales de l'entretien de l'habillement n'excédaient pas les crédits budgétaires.

« En second lieu, chacun des corps qui faisaient partie de l'expédition avait son dépôt en France ou en Algérie, et, par conséquent, ne s'adressait jamais aux magasins centraux pour en obtenir des effets confectionnés. Ceux-ci n'avaient donc aucun besoin d'intervenir pour l'entretien de l'armée expéditionnaire. Il est, en effet, de principe que les dépôts des régiments sont chargés de confectionner les effets d'habillement de remplacement, au fur et à mesure qu'ils ont atteint la durée réglementaire, et que ces remplacements sont effectués à des époques fixes, et par les soins de ces mêmes dépôts, que les bataillons se trouvent en France ou à l'étranger. Les réserves d'habillement n'ont donc rien eu à faire pour les troupes du Mexique, et n'ont pu, par ce fait, éprouver aucune perte.

« Ce que les magasins centraux ont envoyé au Mexique, ce sont des effets de linge et de chaussures. Mais il ne faut pas perdre de vue que ces effets sont imputables sur la masse individuelle, que par conséquent, les livraisons n'ont eu lieu qu'à titre d'avances, et que le vide opéré dans les magasins a pu être promptement et facilement comblé.

« III. — ARMEMENT.

«Reste une question qui a beaucoup ému l'opinion et sur laquelle des critiques nombreuses, et aussi peu fondées que les précédentes, ont été adressées à l'administration de la guerre.

« L'armement a, de tout temps, été considéré comme étant d'une importance capitale pour une armée; on s'est toujours occupé en France de le perfectionner, en se tenant au courant des améliorations introduites à l'étranger. Le fusil se chargeant par la culasse, mis en service en 1849 dans l'infanterie de la garde prussienne, n'a été cependant accueilli en France qu'avec la plus grande réserve. Cette arme présentait sans doute des avantages, mais les hommes spéciaux lui trouvaient des défauts qui atténuaient ses qualités. Elle était lourde, l'obturation du tonnerre très-incomplète, etc., la portée efficace très-faible (400 mètres seulement). D'ailleurs, le principe même du chargement par la culasse était vivement controversé : on peut lui reprocher son mécanisme assez compliqué, qui peut être, dans une guerre longue et lointaine, d'un entretien difficile ; les cartouches qui lui sont destinées sont d'une fabrication délicate et exigent des ouvriers exercés et une poudre spéciale. La consommation des munitions sera considérable, précisément à cause de la rapidité du tir; les convois devront être dirigés de loin et soumis aux chances d'une longue route. Dans l'attaque des positions, le tir rapide est sans grande utilité et sans grand effet contre un ennemi généralement bien défilé et avantageusement posté; en tirailleurs, il importe peu que le soldat tire beaucoup, mais bien plutôt qu'il tire avec justesse, deux conditions qui ne se rencontrent pas réunies.

« On pourrait multiplier encore les réflexions sur l'emploi du fusil se chargeant par la culasse, mais il suffira d'ajouter que, bien que l'arme des Prussiens fût depuis longtemps connue, aucune puissance de l'Europe ne l'avait adoptée, pas même celles qui avaient combattu, soit en face d'eux, soit à leurs côtés. Mais après la brillante campagne de l'année dernière, l'effet est produit depuis le sommet de la hiérarchie jusqu'à son dernier échelon, la condamnation de l'armement actuel est prononcée. C'est un torrent qui coule à pleins bords et que rien ne saurait arrêter. Il faut se laisser aller à son cours, seulement un temps matériel est nécessaire pour que le nouvel armement soit mis entre les mains de nos soldats ; mais dans leur hâte irréfléchie, beaucoup de personnes qui, il y a un an, considéraient le fusil prussien comme un engin de guerre médiocre, et auraient été peu disposées à approuver les dépenses énormes qu'entraînera le nouvel armement, poussent aujourd'hui un cri d'alarme et vont même jusqu'à accuser l'administration de la guerre, parce que l'armée n'est pas encore pourvue d'une arme à tir rapide.

« Un historique sommaire de l'armement en France est nécessaire pour faire comprendre avec quelle prudente sagesse le service de l'artillerie a dû poursuivre cette recherche si difficile de l'arme la meilleure à adopter.

« Vers l'époque où les Prussiens expérimentaient le fusil à aiguille, l'introduction de la rayure dans les canons de fusil donnait aux armes à percussion une valeur nouvelle, qui permettait de mettre, à peu de frais, entre les mains des troupes, des armes qui tiraient moins vite, il est vrai, que le fusil prussien, mais qui avaient une valeur balistique bien supérieure à la sienne. La carabine de chasseurs, par exemple, donnait un tir juste et meurtrier jusqu'à 800 et 1,000 mètres.

« Cependant on cherchait en France la solution du problème posé, plutôt que résolu, par la Prusse. Le colonel Treuille de Beaulieu, en 1854, proposa le fusil dont les cent-gardes sont armés encore aujourd'hui. En 1858, M. Manceaux-Vieillard et M. Chassepot présentèrent un fusil se chargeant par la culasse, mais avec une amorce détachée de la cartouche. Après avoir été soumis aux expériences du polygone par la commission permanente du tir de Vincennes, un ordre de fabrication pour quelques centaines d'armes fut donné, et des essais en grand furent commencés par des régiments d'infanterie et de cavalerie, simultanément en France et en Algérie.

« Mais, dans l'intervalle, l'attention de l'artillerie avait été appelée par une notion scientifique nouvelle, à savoir que, dans les armes rayées, il faut que les balles aient une longueur double au moins de leur diamètre, ce qui conduisait irrésistiblement aux petits calibres.

« Dès le mois de février 1863, le ministre, sur le rapport du Comité d'artillerie, ordonna la fabrication d'un certain nombre de fusils du calibre de 11 millim. auquel devait être appliquée une cartouche portant son amorce, que devait enflammer une aiguille, suivant l'idée prussienne.

« M. le contrôleur d'armes Chassepot fut chargé de l'établissement de l'arme et de la recherche d'une cartouche, avec l'aide et les conseils de M. le chef d'escadron Maldan. Ce travail fut laborieux et exigea toute une année. C'est, en effet, une œuvre difficile que de résoudre la question de la construction d'une arme nouvelle, en coordonnant toutes ses parties, son poids, sa forme, celle de la balle et la composition de la cartouche.

« Enfin, dans les derniers mois de 1865, après de nombreux essais, un modèle fut présenté et des ordres furent envoyés à la manufacture d'armes de Châtellerault, pour la fabrication de 500 fusils de cette espèce, qui devaient être mis entre les mains des troupes réunies, en 1866, au camp de Châlons, et être soumis par elles à la sanction de la pratique.

« C'est à la suite de cette épreuve suprême, et par décision impériale du 30 août 1866, que fut adopté, pour l'armement de l'infanterie, le fusil aujourd'hui en cours de fabrication.

« Après la levée du camp, les armes qui avaient servi aux expériences furent remises au bataillon des chasseurs à pied de la garde impériale, qui eut la tâche de préparer tous les éléments des instructions à rédiger pour le maniement et l'entretien du nouveau fusil.

« Dans la prévision fondée que l'arme dont il est question serait adoptée, et afin de mettre à profit un temps toujours précieux, quand il s'agit de modifier l'armement d'une armée, l'administration de la guerre avait établi et outillé, dès le mois de juin 1866, à Puteaux, une usine pour la fabrication des machines qui devaient être employées dans nos manufactures, et, dès le mois de juillet, les entrepreneurs de ces établissements recevaient des commandes pour la fabrication de 300 mille armes, afin qu'ils se missent en mesure de se procurer les matières premières qui devaient leur donner la facilité d'exécuter ces ordres.

« C'est à partir de cette époque que l'on a pu s'occuper de la construction des armes types, et, sur ces types, entreprendre les longues et difficiles opérations de l'appareillage, c'est-à-dire la construction des organes travailleurs, des machines, guides et outils proprement dits.

« Voilà quelle a été la succession non interrompue des essais tentés pour arriver à une arme possédant la rapidité du tir du fusil prussien, mais ayant sur lui une grande supériorité par ses qualités balistiques, comme par la perfection de ses organes et la légèreté de son poids.

« Examinons maintenant les conditions de la fabrication, au point de vue des difficultés qu'elle présentait.

« Pour apprécier l'importance des opérations qui ont été la suite de l'adoption du modèle de 1866, il faut d'abord examiner la situation des quatre manufactures d'armes de l'État, au commencement de 1866.

« Leur puissance de fabrication était de 40,000 armes neuves par an. La plus importante des quatre (celle de Saint-Étienne) était en reconstruction. Il fallait passer subitement d'une fabrication de 40,000 fusils à une autre de 150,000, de 300,000 peut-être, et faire d'énormes approvisionnements de matières premières, au milieu de la concurrence générale de toutes les nations militaires, qui viennent puiser chez nous l'acier fondu et surtout le bois de noyer. Pour cela, il fallait substituer la fabrication mécanique à la fabrication de la main, construire 1,200 machines et changer toutes les habitudes des populations armurières.

« Le service de l'artillerie, par son activité, par la précision qu'il apporte aux choses qu'il entreprend, aura pu, dans l'espace de moins d'une année, mettre les quatre manufactures de l'État en mesure de satisfaire, par un travail réglé et continu, aux exigences du moment, en versant dans nos arsenaux 1,000 fusils par jour.

« Aux États-Unis, trente manufactures d'armes s'établirent, ou se développèrent au commencement de la guerre de la sécession; elles ne livrèrent rien la première année, quoique fabriquant une arme plus facile que la nôtre; au bout de deux ans, elles ne fournissaient pas au-delà de 2,000 fusils par jour.

« L'administration de la guerre a essuyé le reproche de n'avoir pas eu recours à l'industrie privée. Elle a demandé 50,000 fusils à une société qui, bien qu'autorisée à faire fabriquer en même temps à Liége et à Birmingham, n'a pas voulu s'engager à les fournir avant le 1er avril 1868, et n'a consenti qu'avec peine à en promettre 20,000 pour le 1er janvier de la même année. Aux mêmes époques les manufactures impériales auront fourni plus de 380,000 armes, au prix de 70 francs au plus, au lieu de 83 francs au moins que demande l'industrie privée.

« La Prusse, qui a l'incontestable mérite d'avoir ouvert la voie dans laquelle toutes les nations cherchent à la suivre, est aujourd'hui très en retard, même au point de vue de la rapidité du tir.

« L'Autriche, l'Angleterre et les États-Unis hésitent entre divers modèles.

« La Russie et l'Italie attendent, avant de se décider, de voir ce que feront les autres nations.

« La France a-t-elle à regretter que l'artillerie ait agi avec une sage modération, et n'ait pas tout sacrifié à la vaine et dangereuse satisfaction de donner plus vite à l'armée une arme imparfaitement étudiée? Quand il s'agit d'une dépense de plus de cent millions, le temps employé à de sérieux travaux n'est assurément pas un temps perdu, et ce sera l'honneur du service de l'artillerie d'avoir, malgré d'aveugles clameurs, patiemment étudié l'arme qui sera le fusil de l'avenir.

« Ce n'est donc pas l'administration de la guerre qui a manqué de prévoyance : aucun des services, on vient de le voir, qui relèvent d'elle n'a périclité.

« Si, dans les circonstances que nous venons de traverser, l'opinion publique a dirigé un regard inquiet vers l'armée, c'est à d'autres causes qu'il faut attribuer ce moment d'hésitation, qui a pu faire douter de la force de nos institutions militaires.

« Ces causes, il faut les chercher dans ces dispositions à la critique, qui mettent tout en discussion.

« L'amour du changement s'est emparé de tous les esprits; il a même fait invasion dans l'armée, et, à l'heure qu'il est, il n'est pas un règlement qui ne soit présenté comme suranné.

« Certes, en présence d'une guerre qui paraissait imminente, il y avait mieux à faire que de donner cours à d'imprudentes paroles. Il fallait, au contraire, redoubler ses témoignages de respect pour nos institutions militaires qui, depuis un demi-siècle, nous ont valu, sur des champs de bataille si divers, tant de glorieux succès.

« Il fallait montrer plus d'esprit véritablement militaire, faire trève à tous ces projets de changements qui émoussent et détruisent la religion de l'officier et du soldat, en ce qui touche la loi, les règlements et l'exercice du commandement. On a dit, avec raison, qu'on ne respecte les choses qu'autant qu'elles doivent avoir de la durée, et que du doute de la permanence des institutions à la désaffection qui les entoure il n'y a souvent qu'un pas.

« C'est dans les moments de crise qu'il faut avoir confiance en soi, se grouper sous le joug de la discipline, et non pas se livrer à de vaines dissertations ou se laisser égarer dans les obscurités de l'avenir.

« Dans tous les cas, ce n'est pas le moment de se laisser entraîner aux illusions des changements.

« Ainsi, au lieu d'attaquer, dans toutes ses parties et toutes ses conséquences, la loi de 1855, n'aurait-il pas mieux valu rechercher, après l'expérience qui en a été faite, les modifications qui pouvaient avec utilité lui être appliquées, plutôt que de demander son abrogation?

« Y a-t-il, en effet, un avantage quelconque à signaler dans les rangs de la troupe telle catégorie de soldats, et de jeter une espèce de réprobation sur de braves gens qui, aimés et estimés de leurs chefs, ont contracté des rengagements avec prime, et n'ont fait en cela, en dernière analyse, que de se conformer à la loi de leur pays?

« Nous avons quelquefois une disposition à nous élever au-dessus des autres nations, ce n'est pas le moment de devenir plus modestes que de raison.

« Quoi! une nation comme la France qui, en quelques semaines, peut réunir sous ses drapeaux 600,000 soldats, qui a dans ses arsenaux 8,000 pièces de canon de campagne, 1,800,000 fusils et de la poudre pour faire dix ans la guerre, ne serait pas toujours prête à soutenir par les armes son honneur compromis ou son droit méconnu?

« L'armée ne serait pas prête à entrer en campagne, quand elle compte dans ses rangs ces vétérans d'Afrique, de Sébastopol et de Solférino ; quand elle a pour les commander ces généraux expérimentés et cette foule de jeunes officiers préparés, par les expéditions en Algérie et la guerre du Mexique, à exercer des commandements supérieurs? Quelle est donc l'armée en Europe qui renferme de pareils éléments d'expérience et d'énergie?

« Notre infanterie n'est point encore entièrement armée de fusils à aiguille. Mais nos voltigeurs ont-ils jamais été arrêtés, pendant

les anciennes guerres, dans leurs marches en avant, par les tirailleurs tyroliens armés de leur carabine rayée, ou par les riflemens
anglais?

« Faudrait-il donc, à votre sens, rappeler cette expression du
maréchal Mac-Donald, parlant des soldats de Wagram, « que
« nous serions moins bien soudés les uns aux autres, et que les
« liens de la hiérarchie et de la discipline se seraient affaiblis en
« nous? »

« Oh! alors, hâtons-nous de rappeler ces vertus militaires de nos
pères : cela vaudra mieux que le fusil à aiguille!

« Paris, avril 1867.

FIN.

Paris. — Imprimé par Ch. Noblet, rue Soufflot, 18.

www.ingramcontent.com/pod-product-compliance
Lightning Source LLC
Chambersburg PA
CBHW061400060726
47597CB00003B/934